跨境电商
DTC品牌
独立站运营研究

冯萍 著

燕山大学出版社
·秦皇岛·

图书在版编目（CIP）数据

跨境电商 DTC 品牌独立站运营研究 / 冯萍著. —秦皇岛：燕山大学出版社，2024.6
ISBN 978-7-5761-0574-2

Ⅰ. ①跨… Ⅱ. ①冯… Ⅲ. ①电子商务－品牌营销－研究 Ⅳ. ①F713.365.2

中国版本图书馆 CIP 数据核字（2023）第 211039 号

跨境电商 DTC 品牌独立站运营研究
KUAJING DIANSHANG DTC PINPAI DULIZHAN YUNYING YANJIU
冯　萍　著

出 版 人：陈　玉	
责任编辑：宋梦潇	策划编辑：裴立超
责任印制：吴　波	封面设计：曼　玲
出版发行：燕山大学出版社	电　　话：0335-8387555
地　　址：河北省秦皇岛市河北大街西段 438 号	邮政编码：066004
印　　刷：涿州市般润文化传播有限公司	经　　销：全国新华书店
开　　本：710mm×1000mm　1/16	印　　张：11.75
版　　次：2024 年 6 月第 1 版	印　　次：2024 年 6 月第 1 次印刷
书　　号：ISBN 978-7-5761-0574-2	字　　数：188 千字
定　　价：68.00 元	

版权所有　侵权必究

如发生印刷、装订质量问题，读者可与出版社联系调换
联系电话：0335-8387718

前言

近年来，伴随互联网成长的"Z世代"消费群体逐步成为全球消费的新生力量，线上消费成为互联网原住民的主流消费方式。随着国际人均购买力的不断增强、网络普及率的提升、物流水平的进步、网络支付的普及，网购市场不断开放和扩大，消费者的网购习惯也逐步从形成走向成熟，再加上世界各国都在大力发展跨境电商，并使之成为做强制造业来控制全球销售环节，打造新型全球贸易关系的利器，未来跨境电商仍将保持快速增长的趋势。

然而，随着第三方跨境电商平台日益激烈的同质化竞争、平台规则不断更新且日趋严格、流量红利的大幅降低，跨境卖家所需要投入的成本和精力越来越大，利润空间被不断压缩，店铺经营面临着不小的挑战。尤其是2021年5月，波及中国5万多卖家的亚马逊"封店潮"，激发了跨境电商企业对独立站以及DTC品牌模式和私域流量的重新审视。通过搭建独立站，利用DTC品牌模式构建起私域流量池，配合裂变营销，实现私域流量的滚动式增加，最终提升客户对品牌的忠诚度和终身价值，已成为众多跨境卖家眼里解决当前困局的必然选择。

亿邦智库发布的《2021跨境电商金融服务报告》显示，2021年，28.5%跨境卖家建设了独立站，8.6%的跨境卖家表示销售额最大的渠道是独立站。同年7月，国务院办公厅印发《关于加快发展外贸新业态新模式的意见》，明确提出要支持外贸细分服务平台发展壮大，尤其"鼓励外贸企业自建独立站，支持专业建站平台优化提升服务能力"，为跨境电商独立站的后续发展提供了政策红利。与此同时，品牌意识觉醒后的跨国经营企业，为了拥有全球性品牌这种无形资产和核心竞争力，经过长期不断地尝试打拼和努力探究，亦将独立站认定为行之有效的DTC品牌出海模式。零售电商行业专家、百联咨询创始人庄帅曾指出，跨境电商规避依赖第三方平台风险的方式之一就是自行建立独立站，依托Facebook、Twitter、Snapchat、Google等流量平台做DTC品牌业务。一时间，如何做好DTC品牌独立站出海运营便成了业内关注的热点话题。

本书亦聚焦此行业热点，首先对跨境电商和独立站的相关学术理念和发展状况进行了梳理，明确了两者的内涵和相互之间的关系。独立站模式因具备良好的经营灵活性，易于收集、分析用户数据以及运营私域流量，能够有效地规避第三方跨境电商平台合规风险等优势，成为跨境电商的重要发展方向。首先，跨境电商卖家凭借独立站出海，在社交媒体上与海外消费者产生互动，可以更有效地与之建立情感链接，通过精细化再营销，让其产生对品牌的感知、兴趣和价值认同，从而实现品牌溢价和复购。其次，在此基础上，本书叠加品牌资产和价值共创的观点，强有力地证明了独立站是为DTC品牌出海持续快速发展的优质驱动力。分析了与DTC品牌独立站出海运营策略制定有关的STP理论、二八定律、长尾理论、CIS以及创造顾客和交易成本理论，并对DTC品牌独立站运营进行了SWOT分析，进而以此为依据，从较为全面的"运营"层面而不仅仅是常规的"营销"层面提出了策略建议，包括定位策略、营销推广策略、多渠道销售策略、CRM策略以及支付策略和供应链协同。再次，本书以"中国最隐秘的跨境电商独角兽"、被誉为DTC品牌独立站行业翘楚的SHEIN公司为例，对标之前提到的五个方面，分析了它所践行的一系列行之有效的运营策略，以期给新晋独立站经营者学习借鉴，与同期经营者探讨共勉。最后，本书以订阅制电商和"双轨并行"这两个时新动态，反映了跨境电商DTC品牌独立站运营者在机会巨大却又险象环生的行业发展态势下，不断尝试与摸索，不断优化与创新的过程。

本书的撰写参阅了大量网络文献资料，借鉴了部分国内外专家学者的观点，在此一并致以衷心的感谢！由于笔者水平有限，在跨境电商DTC品牌独立站运营策略的分析研究中难免存在偏颇、疏漏与不足，恳请读者批评指正。

冯萍

2023年2月

目录

第一章　跨境电商与独立站 ... 001
第一节　跨境电商 ... 002
一、跨境电商的界定 ... 002
二、跨境电商的发展历程及生态系统 ... 003
三、跨境电商的特点及基本流程 ... 008
四、跨境电商的分类 ... 012
五、跨境电商的发展趋势 ... 020

第二节　独立站 ... 030
一、独立站的界定 ... 030
二、独立站的建站方式和运营的基本逻辑 ... 033
三、独立站的运营特点 ... 036
四、独立站运营术语 ... 042
五、独立站的运营模式 ... 048

第二章　独立站助力 DTC 品牌出海 ... 055
第一节　DTC 品牌的内涵 ... 056
第二节　DTC 品牌出海的发展历程和路径选择 ... 060
一、DTC 品牌出海的发展历程 ... 061
二、DTC 品牌出海的路径选择——独立站 ... 065

第三章　DTC 品牌独立站出海运营分析......073
第一节　DTC 品牌出海运营理论基础......074
一、STP 理论......074

二、二八定律和长尾理论......075

三、CIS......078

四、创造顾客理论和交易成本理论......080

第二节　DTC 品牌独立站出海运营 SWOT 分析......085
一、SWOT 分析法......085

二、DTC 品牌独立站出海运营的优劣势及机会与挑战分析......087

第三节　DTC 品牌独立站出海运营策略......101
一、DTC 品牌独立站出海运营的定位策略......101

二、DTC 品牌独立站的营销推广策略......109

三、DTC 品牌独立站的多渠道销售策略......120

四、DTC 品牌独立站的 CRM 策略......125

五、DTC 品牌独立站的支付策略与供应链协同......129

第四章　DTC 品牌 SHEIN 独立站运营案例分析......143
第一节　SHEIN 公司概况......144
一、认识 SHEIN......144

二、SHEIN 深受资本青睐......146

第二节　DTC品牌SHEIN的独立站运营解析..................148
一、SHEIN的定位..................148
二、SHEIN的营销推广..................149
三、SHEIN的多渠道销售..................153
四、SHEIN的客户关系管理..................156
五、SHEIN的支付和供应链协同..................158

第五章　跨境电商DTC品牌独立站运营新动态..................165
第一节　独立站的订阅制运营..................166
一、订阅制电商模式简介..................166
二、订阅制将成为DTC品牌独立站运营的下一个风口..................167
第二节　"双轨并行"..................170
一、独立站和第三方跨境电商平台同步运营..................170
二、独立站对外开放平台..................171
三、线上线下联动..................172

参考文献..................175

第一章 跨境电商与独立站

从第三方跨境电商平台到独立站,从图文种草到视频、直播带货,中国跨境电商进入了多模式并行的阶段,为消费者提供了不同的购物体验,极大地促进了消费购买力的提升。曾经,亚马逊是中国企业海外布局的重要渠道之一;现在,越来越多的跨境卖家为了摆脱第三方规则限制,减少平台佣金转而寻求布局海外的新方向,独立站建设将成为一种新趋势。在独立站这条跑道上,将承载越来越多的"跑者"。

第一节　跨境电商

21世纪以来，随着信息技术的进步，特别是网络的普及和电子支付工具的完善，人类的商业生态环境发生了巨大的变化，网络虚拟市场已经将全球经济带入了一个新的发展阶段。传统国际贸易流程的日益电子化、数字化和网络化，催生了跨境电商这个新型的国际贸易手段，并迅速成为各国经济增长的新引擎。

一、跨境电商的界定

跨境电商，全称跨境电子商务（Cross-border Electronic Commerce），是指分属不同关境的交易主体，通过电子商务平台达成交易，进行支付结算，并通过跨境物流或异地仓储送达商品，完成交易的一种国际商业活动。

从狭义上看，跨境电商特指跨境网络零售，分属不同国家和地区的交易主体，通过电子商务平台达成交易，进行跨境支付结算，并采用快件、小包等行邮的方式通过跨境物流送达商品，完成交易，是一种国际贸易新业态。在海关的统计口径中，跨境网络零售就是在网上进行小包的买卖，针对的是终端消费者。但随着跨境电商的发展，一部分从事碎片化、小额批发买卖的小商家也成了消费群体，且难以和个人消费者进行明确的区分，所以也被纳入了跨境网络零售的范畴。

从广义上看，跨境电商基本等同于外贸电商，它是将传统进出口贸易中的展示、洽谈和成交等环节电子化、数字化、网络化，并借助跨境物流完成商品送达的新型贸易方式。广义跨境电商的统计对象既包括跨境电子商务活动中的跨境零售，又包括跨境电子商务的B2B部分。其中，跨境B2B电商不仅包含通过跨境交易平台实现的线上交易部分，还包含通过线上进行撮合实现线下交易的部分。

可见，从本质上而言，跨境电商是以电子技术为手段，以商务为核心，把传统的销售、购物渠道转移到互联网上，打破国家与地区之间的壁垒，不受时间限制，使整个交易达到全球化、网络化、无形化、个性化和一体化状态的新型贸易形态。

二、跨境电商的发展历程及生态系统

（一）跨境电商的发展历程

以互联网为代表的新一轮信息技术革命的到来，不仅促进了传统产业的升级改造，更渗透到各个行业和社会、经济、生活的各个角落；不仅改变了信息的传输、交换、储存方式，更改变了人们沟通、信息获取和利用的方式；不仅改变了社会资源配置的方式，更推动了人类的经济和社会组织方式的变革。

跨境电商，就是在这一轮技术革命背景下产生的新兴行业，和其他行业一样，也经历了从无到有的一系列发展过程。

自1999年第一代跨境外贸B2B平台诞生之日算起，跨境电商至今已度过了二十余年的发展历程，经历了从信息服务到在线交易，再到全产业链服务三个主要阶段。

1. 跨境电商 1.0 阶段（1999—2003 年）

1999年阿里巴巴的成立，标志着国内供应商通过互联网与海外买家实现了对接，拉开了中国跨境电商发展的序幕。

最初，阿里巴巴只是互联网上的黄页，将中国企业的产品信息向全球客户展示，定位于B2B大宗贸易。买方通过阿里巴巴平台了解到卖方的产品信息，然后双方通过线下洽谈成交。同一时期的B2B外贸平台还有环球资源、中国制造网、慧聪网等，有的比阿里巴巴成立更早，比如环球资源1971年就已成立，只不过前期主要以线下会展、商情刊物、出售行业咨询报告等方式运营。所以，当时的大部分交易都是在线下完成的。2000年前后，也有少量国人开始在eBay和Amazon等国外平台尝试跨境电商，但并没有形成规模。

可见，此阶段的主要是网上展示、线下交易的外贸信息服务模式。第三方平台主要的功能是为企业信息以及产品提供网络展示途径，本质上只是完成了整个跨境电商产业链的信息整合环节，并不在网络上涉及任何交易行为。至于平台的盈利模式，则主要是向需要展示信息的企业收取一定的服务费，本质上是一种广告创收模式。

跨境电商 1.0 阶段通过互联网技术解决了中国贸易信息面向世界的难题，只是无法如愿完成在线交易。但是，竞价推广、咨询服务等为供应商提供信息流增值的一条龙服务在此发展过程中逐渐衍生出来。

2. 跨境电商 2.0 阶段（2004—2012 年）

2004 年敦煌网的出现是跨境电商 2.0 阶段的起点。诞生于 2003 年的淘宝，买卖双方通过"汇款"来交易，门槛高，体验差，效率低，互不信任是他们面临的最大问题。由此，主打担保交易的支付宝应运而生，跨境电商 B2B 行业也因"支付"迎来了新一轮变革。2004 年，雷军、陈年、王树彤等人创立的卓越网"卖身"亚马逊之后，陈年创办了凡客，时任卓越网 CEO 的王树彤则创办了面向中小企业跨境贸易场景的敦煌网——DHgate.com，在 B2B 黄页网站林立的行业，率先将跨境电商交易搬到了线上，自此跨境电商平台摆脱纯信息展示的"媒体化"黄页模式，实现了线下交易、支付、物流等环节的电子化，贸易全链路被打通，真正意义上的在线交易平台逐步形成。

2007 年，整合国内供应链，向国外销售产品的 B2C 平台兰亭集势成立。2009 年，打响了跨境小额批发大力发展信号枪的速卖通平台在阿里巴巴国际事业部成立，并带领着国内一众中小型卖家，以 B2C 和 C2C 为主要的跨境贸易模式，推动了国内跨境电商行业的兴起和发展。

相比 1.0 阶段，跨境电商 2.0 阶段更能体现电子商务的本质，借助电子商务平台，通过服务、资源整合有效打通上下游供应链，以直接对接中小企业商户来实现产业链的进一步缩短，从而提升商品销售的利润空间。

可见，此阶段是逐步实现在线交易，摆脱纯信息交换，使支付、物流等环节电子化的过程。跨境电商 2.0 阶段的主流形态是 B2B 平台模式，即将外贸活动中的买卖双方通过互联网平台直接对接起来，以减少中间环节、缩短产业链，使国内供应商拥有更强的议价能力，获得更大的效益。在盈利模式方面，由原来的收取会员费用为主转变为收取"交易佣金"为主。此外，营销服务、支付服务、物流服务等增值收益路径也得以拓宽。

3. 跨境电商 3.0 阶段（2013 年至今）

互联网对每一个行业的渗透都是由浅入深，由表及里的。2013 年移动互联网走向普及，信息化发展到一定阶段，"互联网+"概念出现，互联网与不同行业的融合进一步加速、加深。同样，跨境电商也随着互联网发展的深化，以及电子商务整体业态的成熟完善，自 2013 年开始不断转型，在变革传统零售的渠道外，对物流、金融、研发、供应链、制造等环节的影响愈发深入，不管是 O2O、新零售、金融科技、智慧物流、C2B，还是 C2M 等概念均体现出互联网"全产业链"发展的趋势。

在跨境电商 3.0 阶段，平台的主要用户群体由创业人向工厂、外贸公司转变，且用户群体具有极强的生产、设计和管理能力。因此，平台所销售的产品也由网商、二手货源向更具竞争力的一手货源、优质产品转变。同时，观念更新的传统外贸业务经营者也大多处于向跨境电商业务转型的艰难时期，生产模式由大生产线向柔性制造转变，对代运营和产业链配套服务需求较高。此外，这一时期的主要平台模式也由 C2C、B2C 向 B2B、M2B 模式转变，国际市场被进一步拓宽，批发商买家形成规模，推动了平台上中大额交易订单的快速增加。

可见，跨境电商 3.0 阶段，服务全面优化升级，平台有了更成熟的运作流程和更强大的承载能力，外贸活动产业链全面转至线上。跨境电商不再只局限于解决"交易"这一个环节的问题，而是实现了从贸易到制造、营销、物流，再到金融的全链路打通，体现出大型工厂上线、B 类买家成规模、中大额订单比例提升、大型服务商加入和移动用户量爆发五方面的特征。互联网公司特别是电商公司都在致力于建立生态服务全产业链，比如阿里巴巴在 2013 年成立菜鸟网络解决零售生态的物流问题，2014 年成立蚂蚁金服让支付宝从"支付"单点衍生成今天的金融科技帝国，以至后期阿里巴巴可面向商家提供"商业操作系统""数字化中台"等提升数字化能力的服务。腾讯则在 2013 年全面走向开放，继而提出产业互联网战略。

近年来，随着互联网基础设施的完善以及人们消费观念和习惯的改变，跨境电商一直保持着较快的增长速度，尤其是随着传统国际贸易条件的恶化，大批企业将目光转而锁定在了电子商务上，并积极投身于跨境电商业务的开拓。2018 年，我国跨境电商零售进出口交易额突破 1000 亿元；2019 年，我国跨境电商零售进出口额达到 1862.1 亿元，是 2015 年的 5 倍，年均增速 49.5%。2020 年新冠疫情改变了世界的运转节奏。疫情阻隔了人们的往来，却挡不住人们蓬勃的需求。一方面全球消费者"宅家"，更习惯于从互联网上获得一切，从而推动了电商需求的爆发；另一方面，全球供应链遭受重创，而中国"风景独好"，本身就有极强竞争力的中国制造更被全世界所需要，一时间出口贸易呈爆发式增长。宏观环境带来的红利，开启了跨境电商的大航海时代。

（二）跨境电商的生态系统

生态系统的概念是英国生态学家 A.G. 坦斯利于 1935 年首先提出的，他认为生态系统是生物与环境之间形成的不可分割的相互关联与相互影响的整体。1993 年，组织复杂性理论的代表人物美国的詹姆斯·F. 穆尔（James F. Moore）最早提出了商业生态系统一词，认为商业生态系统是一种基于组织与个体（商业世界里的有机体）的相互作用的经济联合体，并能生产出对消费者有价值的产品或服务。商业生态系统包括核心企业、消费者、市场中介（代理商、销售渠道等）、供应商、风险承担者与有权力的成员（政府、立法机构等），在一定程度上还包括竞争者。

现代意义上的电子商务生态系统是商业生态系统中的一种类型，是由一系列关系密切的企业与组织机构组成，超越地理空间位置的界限，将互联网作为竞争与沟通的平台，通过虚拟、联盟等形式进行优势互补与资源共享构成的一个有机的生态系统。作为电子商务发展成熟后的一种新型应用模式——跨境电子商务，其生态系统亦衍生于电子商务生态系统。跨境电商生态系统是以与跨境电子商务活动相关的个体、企业、组织或机构为主体，以跨境电子商务平台为交流与沟通的媒介与渠道，通过各种形式进行优势互补与资源共享，实现主体间及主体与环境间动态的商品、资金、物流、能力及信息的流动、沟通、分享与循环，形成了多维度、多角度、多层级、多层面的电子商务生态系统。可见，相对于电子商务生态系统而言，带有"跨境"属性的跨境电商生态系统更好地阐释了"生态"一词的含义，而涉及众多相关联上下游产业的"全产业链"与跨境电商相结合的生态系统又进一步升华了"生态"的含义，在更大程度上实现了世界的互联互通，助推了国际贸易的进一步发展。

全产业链跨境电商生态系统涵盖产品、技术、交易、支付、物流、仓储等多个方面。

如果比拟生态体系中的物种概念，此立体生态系统可做以下解读。

核心物种：跨境电商网站。

关键物种：跨境电商的交易主体，包括供应商、消费者、投资商、生产商、供应商的供应商以及客户的客户。

支持物种：跨境电商交易所必须依附的企业组织或机构，包括跨境物流企业、跨境支付企业、海关机构、商检机构、金融机构、行业协会、政府机构、通信服务企业、信息技术机构等。

寄生物种：为跨境电商交易提供增值服务的服务提供商等，包括语言翻译企业、网络营销服务商、各类技术外包服务商、电子商务咨询服务商等。

内外环境：内部环境包括各企业、组织及机构。外部环境包括政治环境、经济环境、法律环境、技术环境、社会文化环境、自然环境等。

各方关系示意图如下（图1-1）。

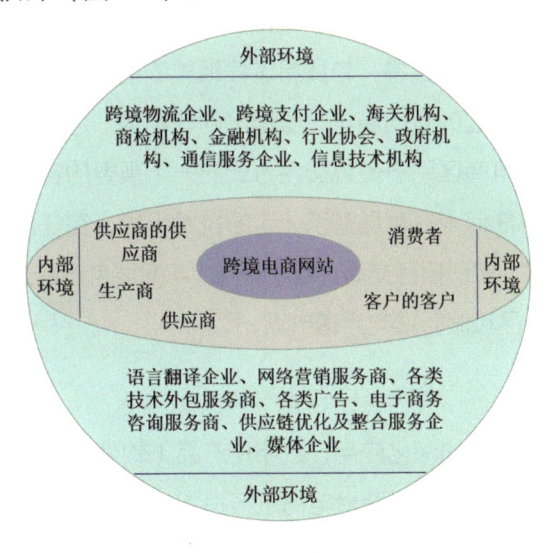

图1-1 跨境电商生态系统

综上，跨境电商核心企业利用互联网科技创建跨境电商平台，把关联度较高的开展跨境电商活动的一系列上下游企业或关系密切的服务提供商、产业企业、用户聚集起来，使它们聚焦核心企业发挥彼此功能，开展物质交换或资源互补，与环境反复互动和交流，进而组成主体（物种）丰富、覆盖广泛、大规模的生态网络系统，即为全产业链跨境电商生态系统。

三、跨境电商的特点及基本流程

（一）跨境电商的特点

1. 全球性

互联网是一种无国界的媒介，具有全球性和非中心化的特征。在经济发展全球化和地球村趋势的推动下，依附于网络生成和发展起来的跨境电商便因此具有了全球性和非中心化的特性。

两国之间的双边贸易是传统国际贸易的主要表现形式，即使有多边贸易，也是通过多个双边贸易来实现的，呈线状结构。而跨境电商可以通过一国的交易平台，实现同其他国家间的直接贸易，与贸易过程相关的信息流、商流、物流、资金流由传统的双边逐步向多边的方向演进，呈现出网状结构。可见，不受地理因素制约的无边界交易是跨境电商区别于传统交易方式的一个重要的特征。网络带来的最大程度信息共享，使得任何人只要具备了一定的技术手段，在任何时候、任何地方都可以让信息进入网络，实现相互交易。互联网用户不需要考虑跨越国界就可以把产品，尤其是高附加值产品和服务推向全球市场。

2. 无形性

随着信息网络技术的深化应用，数字化产品（软件、游戏、影视作品等）的种类和贸易量快速增长，且通过跨境电商进行销售或消费的趋势更加明显。盛行于网络的数字化传输，是通过不同类型的媒介，例如数据、声音和图像在全球化网络环境中集中进行的，而这些媒介在网络中是以计算机数据代码的形式出现的，因而是无形的。跨境电商是数字化传输活动的一种特殊形式，数字化产品和服务基于数字传输活动的特性也必然具有无形性。

相比以实物交易为主的传统国际贸易，在跨境电商业务中，无形产品可以替代实物成为交易的对象。以书籍为例，在跨境电商交易中，消费者只要购买该书籍的网上数据权便可以使用其中的信息和知识。

3. 无纸化

无纸化是除无形化之外，跨境电商数字化的另一层含义。在跨境电商活动中，一系列的纸面交易文件被电子计算机通信记录所取代，用户发送或接收的都是电子信息，而电子信息又是以字节的形式存在和传输，所以其整个发送和接收的过程都实现了无纸化。

随着借助于电子化平台开展跨境贸易的企业越来越多，传统的贸易环节相关信息也更多更好地以无纸化的方式呈现。采取无纸化操作的方式，使信息传递摆脱纸张的限制，逐步成为跨境电商交易的显著特征。

4. 即时性

信息传递的时间与沟通交流的方式有关。跨境电商中的信息交流是依托网络进行的，其传输的速度和地理距离无关。无论实际时空距离远近，跨境电商活动中一方发送信息与另一方接收信息，就如同日常生活中的面对面交谈一样，几乎是同步的。

相比传统交易模式下，信函、电报、传真等信息的发送和接收之间都存在着长短不同的时间差，跨境电商可即时将音像制品、软件等数字化产品的交易清结，订货、付款、交货都可以瞬间完成，从而免去了传统交易中的中间介质环节，提高了人们交往和交易的效率。

5. 匿名性和可追踪性

网络的匿名性允许在线交易的消费者不显示自己的真实身份和地理位置，因此在非中心化和全球性的跨境电商活动中，很难识别电子商务用户的身份和其所处的具体方位，但即便如此，也丝毫不会影响交易的进行。

但是，跨境交易商品的状态却是可追踪的。在整个跨境电子商务交易过程中，议价、下单、物流、支付等环节的信息都会被记录下来，消费者可以随时查询购买记录，实时追踪自己所购商品的发货状态和物流信息。我国对跨境进口商品建立了源头可追溯、过程可控制、流向可追踪的闭环检验、检疫监管体系，既提高了通关效率，又保障了进口商品的质量。

6. 小批量、高频度、高利润

跨境电商通过电子商务交易与服务平台，可以实现多国企业之间、企业与最终消费者之间的直接交易，乃至单个企业之间或单个企业与个人之间的直接交易，所以，相对于传统贸易而言，大部分单笔订单都是小批量，甚至是单件。但是由于消费面广，掌握了更多的顾客数据，跨境电商凭借产品类目多、更新速度快，具有海量商品信息库、个性化广告推送、支付方式简便多样等优势，更能设计和生产出差异化、定制化产品，为顾客提供更优质的服务，其销售灵活性是以大批量采购、集中供应为特点的传统外贸所无法比拟的。

"高频度"是指跨境电商实现了单个企业或消费者能够即时按需采购、销售或消费。跨境电商独有的运营模式，可以将传统国际贸易中相互分离的信息流、资金流和物流整合在一个平台上同步进行，再加上可以抽离一切中间环节与市场实时互动、满足用户即时采购的需求，致使其交易频率大幅提升，远远超过了传统的外贸行业。

另外，跨境电商的直接性有效地缩短了外贸价值链的长度，生产制造商可以通过第三方平台或自己的网络销售主站直接将商品卖给海外的需求者，从而有效减少了外贸商品流通环节，降低了渠道成本，不仅给出口企业释放了利润空间，消费者也可以享受到更多的实惠。

7. 快速演进

互联网是一个出现的时间不久，网络设施和相应的软件协议的未来发展都具有很大的不确定性。基于互联网的电子商务活动也处在瞬息万变的过程中，短短几十年，电子交易就经历了从 EDI 到电子商务零售业的兴起，乃至跨出国门进行贸易的过程。

近年来，伴随互联网成长的"Z 世代"消费群体逐步成为全球消费的新生力量，线上消费成为互联网原住民的主流消费方式。随着国际人均购买力的不断增强、网络普及率的提升、物流水平的进步、网络支付的改善，网购市场将不断开放和扩大，消费者的网购习惯也逐步从萌芽走向成熟，再加上线上推广日益成为进出口企业不可或缺的营销手段，未来跨境电商仍将保持快速增长的趋势。

可见，跨境电商是一般电子商务在全球化大背景下发展的必然趋势，也是传统国际贸易在新时期实现可持续增长的有力支持。因受时空范围的限制较少、受各国贸易保护措施影响较小、交易环节涉及的中间商较少，再加上各级政府对其基础设施的建设力度和政策扶持力度也在不断加大，跨境电商以其独特的优势逐步成为外贸产业中的后起之秀。

（二）跨境电商的基本流程

跨境电商因兼具一般电子商务和传统国际贸易的双重特性，所以其贸易流程比一般电子商务的贸易流程要复杂得多（如图1-2）。它涉及国际运输、进出口通关、国际支付与结算等多重环节，也比传统国际贸易更需考虑国际展示和运营的电子商务特性。

图1-2 跨境电商基本流程

图片来源：https://processon.com/view/5a050674e4b06c8e108f2d7a

按照商品的进出口方向，跨境电商业务可以分为跨境电商进口业务和出口业务。跨境电商出口流程大体可描述为：出口商（生产商或制造商）将商品通过跨境电商企业（平台式或自营式）进行线上展示，如商品被选购、下单并完成支付，跨境电商企业即将其交付给本国境内物流企业进行运输，经出口国和进口国的海关通关并商检之后，最终由目的国物流企业送达消费者或企业手中，从而完成整个跨境电商交易过程。在实际操作中，有的跨境电商企业会根据自身运营需要将物流、通关、商检等一系列环节的手续外包给第三方综合服务平台代办，也有跨境电商企业通过设置海外仓等办法简化跨境电商部分环节的操作。跨境电商进口流程除了方向与出口流程相反以外，其他内容基本相同。

四、跨境电商的分类

跨境电商搭建起了一个自由、开放、通用、普惠的全球贸易平台。亿万用户可以在这个平台上实现"买全球、卖全球"，为了盘活这个巨大的线上市场，跨境电商的模式种类也日益丰富。

（一）按商品流向分类

跨境电商根据商品流向，可以分为进口跨境和出口跨境。

1. 进口跨境电商

进口跨境电商又称入境电子商务，是指产于境外的商品借助跨境电商平台达成国内采购交易、支付货款，借助跨境电商物流运送商品、输入国内市场的一种国际商业活动。

在我国，海淘是传统的跨境进口模式，即国内消费者直接到海外 B2C 电商网站上购物，然后通过转运或直邮等方式把商品邮寄回国内。目前，真正意义上的跨境电商进口，严格来说，应该叫"跨境电商零售进口"，是指中国境内消费者通过第三方跨境电商平台经营者自境外购买商品，并通过网购"保税进口"或"直购进口"运递进境的消费行为。"保税进口"是指国外商品整批抵达国内海关监管场所——保税港区，消费者下单后，商品从保税区直接发出，在海关、国检等监管部门的监管下实现快速通关，几天之内就能配送到消费者手中。而"直购进口"则是指符合条件的电商平台与海关联网，境内消费者跨境网购后，电子订单、支付凭证、电子运单等由企业实时传输给海关，商品通过海关跨境电商专门监管场所入境，按照个人邮递物品征税。"保税进口"和"直购进口"是两种并行的进口跨境电商运作模式，前者在价格和时效上具有优势，适合于品类相对专注、备货量大的跨境电商企业，而后者可从海外直接发货，在商品种类的多样性上具有优势，适合于代购类和品类较宽泛的海外电商。

天猫国际、淘宝全球购、京东国际、洋码头、唯品国际、海带、识季等都是比较典型的进口跨境电商。

2. 出口跨境电商

出口跨境电商又称出境电子商务，是指产品的产地在国内，借助跨境电商平台与境外消费者达成交易、收取货款，并通过跨境物流递送商品，进而将商品销往海外市场的一种国际商业活动。跨境一般贸易和跨境零售都属于出口跨境电商的范畴。

跨境一般贸易即主要面对产业市场的 B2B 贸易，而跨境零售则是主要面对消费者市场的 B2C 或 C2C 贸易，这几种模式将在后文中具体介绍。目前，跨境一般贸易的市场交易规模占中国跨境电商市场交易总规模的 90% 以上，在出口跨境电商中处于主导地位。

全球速卖通、阿里巴巴国际站、Lazada、敦煌网、环球易购等都是比较典型的出口跨境电商。其中，全球速卖通是阿里巴巴旗下的面向国际市场打造的跨境电商平台，被广大卖家称为"国际版淘宝"。

（二）按交易项目分类

根据交易项目的品类情况，跨境电商可以分为综合型以及垂直型两种。

1. 综合型跨境电商

综合型跨境电商行业覆盖面广，涉及的品类多且杂，主要致力于满足消费者的各项日常消费需求，其业务呈现出多元化的特点。面对丰富多样的商品，消费者自然就会有"一站式"购物的需求，再加上各种有效的商品组合促销激励机制，更能刺激消费者在一个平台上完成全部商品的购买。

一般以低价作为自身优势的综合型跨境电商，对供应链管理能力要求较高，在前期需要投入大量资金进行宣传引流,其用户流量及商家商品数量巨大。商品的多样性便于平台方以满足用户需求为目标,实施各种品类组合,开展各色营销活动。有了互相串联和交叉,流量的转化率也能提高。但是,网站整体流量虽大,分到各个行业却是有所区别的。通常,快消品行业整体所获流量相对较大,而冷门行业整体流量则相对较低。

现存实力较强的综合型跨境电商都是在行业中发力较早的企业,有比较深厚的积累。如亚马逊、阿里巴巴国际站等。

2. 垂直型跨境电商

垂直型跨境电商是指在某一行业或细分市场深化经营的跨境电商运营模式,主要针对特定的领域、特定的需求进行服务,其业务比较专业化,专注核心品类的深耕细作。所以,垂直型跨境电商商品种类比较集中,多倾向于一个大品类,如美妆、女装、母婴、箱包、家电等,强调的是供应链与商品管理的优势。对于卖家而言,专营某一品类更容易吸引特定的消费者,满足特定品类消费者的质量要求,从而更容易提升用户信任度,打造自主品牌。

专业、专注是垂直型跨境电商平台的主打特征,即平台产品只针对某一行业,或某一属性,因此平台吸引人群更为精准,转化率自然也更为可观。但由于不能做更多的商品关联推荐,所以,垂直型跨境电商平台的流量使用效率相对较低,一般后期会根据流量引入情况,考虑进行品类扩展。

Wayfair、Zalando、Fnac、SHEIN 等,都是比较典型的垂直型跨境电商。

(三)按交易主体分类

1.B2B 模式

B2B 是 "Business to Business" 的缩写,是企业对企业的跨境电商模式,即分属不同关境的企业之间通过专用网络或互联网,进行数据信息的交换、传递,开展交易活动。换句话说,跨境 B2B 贸易就是不同国家的企业使用互联网技术或各种商务网络平台达成共识、进行支付结算,并通过跨境物流送达商品,完成交易流程的一种国际商业活动。该流程包括发布供求信息、订货及确认订货、支付及票据的签发、传送和接收、确定配送方案并监控配送过程等环节。此模式将企业内部网和企业的产品及服务，通过 B2B 网站或移动客户端与客户紧密结合起来，依靠网络反应迅速的特点，为客户提供更好的服务，从而促进企业相关业务的进一步发展。

B2B 跨境电商或平台所面对的最终客户为企业或集团客户，主要涉及的是大宗商品的买卖交易，已纳入海关一般贸易统计。目前，B2B 跨境电商交易因量级较大，且多为稳定性订单，其市场交易规模占到中国跨境电商市场交易总规模的 90% 以上，处于跨境电商市场的主导地位。代表性企业有阿里巴巴国际站、环球资源网、敦煌网、TradeKey、ExportHub 等。

2.B2C 模式

B2C 是"Business to Customer"的缩写，是企业对个人的跨境电商模式，即分属不同关境的企业直接面向消费者销售产品和服务的在线零售活动。换句话说，跨境 B2C 贸易就是跨境电商企业针对不同国家的消费个人开展在线销售产品和服务，通过电子商务平台达成交易、进行支付结算，并通过跨境物流送达商品，从而完成交易的一种国际商业活动。该模式的实质是企业和消费者在网络所构造出来的虚拟市场上开展的买卖活动，企业通过互联网为消费者提供了一个新型的购物环境——网上商店，购物和支付都可以在网上完成。

B2C 跨境电商所面对的最终客户为个人消费者，主要涉及的是网络零售业务。对于 C 端而言，消费者更加重视个人的购物体验，B2C 模式需要相对较大的资本和劳动力成本。同时，资本、团队、物流和货物供应的高效联系也是不可或缺的。在我国，B2C 跨境电商企业直接面对国外消费者，以销售个人消费品为主，物流方面主要采用邮政物流、商业快递、专业及海外仓储等方式，其报关主体是邮政或快递公司。按照我国的《海关法》和国务院颁布的《海关统计条例》规定，个人自用的商品在自用合理数量范围内的实行建议报关的制度，不纳入海关的统计。

近年来，B2C 跨境电商因具备费用低、利润空间大，有利于企业树立品牌形象，对市场有更迅速的反应，拥有更开阔的市场等优势，交易十分活跃，出现了爆发式增长，其市场交易规模逐年攀升。代表性企业有天猫国际、兰亭集势、全球速卖通、大龙网、Amazon、Cdiscount 等。

3.C2C 模式

C2C 是"Customer to Customer"的缩写，是个人与个人之间的跨境电商模式，即分属不同关境的个人卖家对个人买家开展在线销售产品和服务的零售活动。换句话说，跨境 C2C 贸易就是由个人卖家通过第三方电商平台发布产品和服务，提供所售卖产品的详情、价格等内容供国外个人买家进行筛选，最终通过电商平台达成交易、进行支付结算，并通过跨境物流送达商品、完成交易的一种国际商业活动。例如，一个消费者有一盏台灯，通过网络进行交易，把它出售给境外某个消费者，此种交易类型就可称为 C2C 跨境电商。

C2C 跨境电商所面对的最终客户为个人消费者，商家也是个人卖方。该模式最大的优势是拥有大量买手，当客户在第三方交易平台下单后，海外个人买手从当地采购，通过国际物流送达。可见，C2C 跨境电商是通过第三方平台实现的个人对个人的线上交易活动，具有大众化的特点，其购物流程为搜索商品、联系卖家、购买商品和服务评价，是跨境电商的早期模式之一。代表性企业有洋码头、全球购、街蜜等。

4.M2C 模式

M2C 是"Manufacturer to Consumer"的缩写，是指生产厂商通过跨境电商平台直接提供商品或服务给消费者的在线零售活动。换句话说，跨境 M2C 贸易就是无须经过传统流通渠道的多个环节，由生产厂家直接向消费者提供自己生产的产品或服务的一种国际商业活动。该模式将流通环节减少至一对一，进而达到了降低销售成本、保障产品质量、提升售后服务的目的。

M2C 跨境电商模式以商家入驻平台为主，交易由商家和消费者自行开展，平台只用于解决支付和信息沟通问题。可见，M2C 跨境电商平台，是以互联网络和地面渠道的优势互补为基础，通过共享各地的终端推广渠道和售后服务网点，达成活化终端、减少商品流通环节，让产品从生产商直接到消费者的有效渠道。其中，M2C 配送服务和 M2C 售后服务是由生产商自行为消费者提供的。运营好 M2C 跨境电商，可摆脱制造企业过分依赖 OEM/ODM 贴牌生产的格局，快速建立起具有自主知识产权的国际化品牌以及具有国际影响力的全球化销售渠道。

目前，国内 M2C 跨境电商所占的市场份额不大，但是当中国厂商面对消费者需求能快速反应，并提供个性化产品与高水准服务时，M2C 这片蓝海未来可期。

【相关链接】

三年营收 2.3 亿！华宝新能上市，"M2C"成最大赢家

五年前，跨境电商还是一个不温不火的行业。虽然仍有一批跨境企业在发光发热，但还是没能让跨境电商火遍全中国。2020 年，新冠疫情暴发，海外网络购物需求快速上升，跨境电商收获发展契机。一下子就让跨境电商红遍了大江南北。

近些年火热的跨境电商不仅让零售企业尝到了甜头，也让生产企业看到了新的希望。跨境电商促使了传统外贸的转型升级，从 B2B 模式进化到 B2C 模式。同样，生产企业也在寻求新的增长点，于是便催生了 M2C 模式，即生产厂家对消费者的模式，通俗点说就是"厂家直销"。

M2C 模式让这家生产企业在短短三年内，净利润从几百万元飙升至 2.3 亿。进入新的一年，华宝新能上市 IPO 也有了新动态。2 月 7 日，深圳市华宝新能源股份有限公司更新了招股申请书。查阅相关审核问询回复，报告期内华宝新能营收呈爆发式增长，净利润从几百万元飙升至 2.3 亿。

项目	2021 年 6 月 30 日/2021 年 1-6 月	2020 年 12 月 31 日/2020 年度	2019 年 12 月 31 日/2019 年度	2018 年 12 月 31 日/2018 年度
资产总额（万元）	90,956.47	58,079.10	20,882.63	10,152.27
资产负债率（母公司）	52.84%	57.10%	70.19%	56.02%
营业收入（万元）	96,828.84	106,995.98	31,896.86	20,548.15
净利润（万元）	15,696.04	23,381.19	3,645.16	322.03
基本每股收益(元/股)	2.20	3.64	0.73	0.09

华宝新能营收翻番，得益于海外市场的需求上涨以及 M2C 模式的优势。M2C 生产厂家直接面向全球消费者的优势在于：使得企业更了解市场需求、消费者偏好，提高经济效益。另外 M2C 的模式减少了中间环节，降低了渠道成本，又将毛利率提高到一个新的水平，其价格也更加具备竞争力。2021 年 1—6 月，华宝新能毛利率达 54.54%，高于安克创新 45.95%、星徽股份 35.32%、派能科技 36.81%。

M2C 模式优势还在于能先于其他代工厂更及时掌握市场需求动向，并通过持续且针对性的产品研发实现产品的持续性能迭代及功能创新。生产厂家具备自主生产制造能力，相比不具备自主生产能力的品牌企业，能满足迭代产品质量稳定的同时实现产品快速投放市场。采用 M2C 模式，能够轻易掌握销售渠道资源，将产品配送、物流、订单处理、消费者信息等环节整合，建立一套完整、高效的渠道信息系统，充分享受独有的销售分配资源。

在 M2C 模式的优势下，华宝新能通过自主采购、自主生产，形成了对产品成本的有效控制，另一方面因直接面对终端消费者，减少中间环节保证了较高的销售价格水平，通过整合全价值链获取了较高的毛利率。而安克创新及星徽股份等一众跨境电商企业，多数是采用 B2C 模式，即电商企业面向消费者销售产品的模式。该模式下，虽然安克创新及其他跨境电商企业均面向终端消费者，但由于其上游供应商主要系委外生产或代工厂家，其并未实际对接最终原材料供应商，且难以完全主导与控制产品的生产过程，因此其对产品成本的直接控制能力低于华宝新能，所以多数跨境电商企业毛利率也低于华宝新能。

未来，又会有多少生产厂家转型跨境电商，成为下一个华宝新能？我们拭目以待！
（资料来源：https://baijiahao.baidu.com/s?id=1725365046228981583&wfr=spider&for=pc）

5.O2O 模式

O2O 是"Online to Offline"的缩写，即线上到线下，反之，Offline to Online，即线下到线上亦成立。这是一个源于美国的广泛概念，只要产业链中存在既可涉及线上又可涉及线下的环节，就可通称为 O2O。具体到跨境电商层面，是指将线下的商务机会与互联网上的商务机会相结合，两条商业渠道相互打通，线上线下同步，以优化消费者体验为目的，让两者互为对方的交易前台。在此模式下，跨境企业可以将线下商品及服务进行线上展示，并提供在线支付"预约消费"，线下自提；也可以让消费者线下体验商品，再促成线上交易的达成。对消费者而言，此举可以便于通过线上对比筛选出心仪的产品，拓宽了选择范围，也可根据交易标的的特性，体验后再作出选择，消费满意度明显提高。对于跨境商家而言，一方面可以充分利用互联网"跨地域、无边界"的优势，将信息传播得更快、更远、更广，从而瞬间聚集起强大的消费能力；另一方面，线下与线上相结合，消费者可以亲身体验，减少购物疑虑，使企业的销售转化率得以提升。此外，O2O模式将线上订单和线下消费结合，所有的消费行为均可得到准确的统计，便于对商家的营销效果进行直观的判断和追踪评估，从而更好地促使其展开统筹规划，为消费者提供更多优质的产品和服务。

目前，国内跨境电商 O2O 模式具体有四种现实操作。其一，在机场设提货点，线上下单，线下取货。其二，在保税区开店，融合展示与购买功能。其三，在市区繁华地段开店，线下展示，线上购买。其四，与线下商家合作，互相渗透。随着科技的发展和消费者购物观念的变化，O2O 跨境电商模式将有助于形成丰富全面的智能购物体系，通过实现营销渠道多元化，打造"线上 + 线下"的体验式消费场景，增加平台购物流量，提高销售能力，提升品牌价值，实现新的业务升级。

（四）按运营方式分类

1. 第三方平台运营型跨境电商

第三方平台运营型跨境电商是指平台型电商通过线上搭建商城，将物流、支付、运营等服务资源整合在一起，吸引商家进驻，为其提供跨境电商交易服务，并以收取佣金及增值服务费作为主要盈利途径的跨境电商运营模式。此模式门槛较低，能享有第三方平台的自带流量，不过平台上同质化竞争激烈，对店铺而言，源数据和营销方式都会受到一定的限制。用传统线下经营模式来形容，就是将店铺开在自带流量的大型商超，往来人流多，不用花费大力气去吸引外部流量，做好自身运营和站内优化就可以了。但是，店铺需要向商场缴纳不菲的租金和相关费用，而且必须遵守商场的规则。

目前国内外主流第三方跨境电商平台有全球速卖通、敦煌网、Amazon、eBay、Wish 等。大多数跨境电商企业，尤其是中小型，都是选用第三方平台运营型跨境电商模式来经营自己的出海业务。

2. 独立站运营型跨境电商

独立站运营型跨境电商也可称为自营平台运营型跨境电商，是指由商家自行创建属于自己的线上跨境交易平台，自己寻求货源、自己整合资源，并自行售卖商品完成交易全过程的跨境电商运营模式，商品差价为其主要的盈利来源。独立站运营型跨境电商模式下，企业不受第三方平台规则的限制，高度自主，运营方式灵活，可以为自己积累客户、构建品牌、打造私域流量池。

目前，因独立站运营模式难度较大，跨境商家涉足者甚少，SHEIN、Anker、Segway 等称得上是为数不多的几个成功范例。2021 年 5 月，亚马逊大面积"封号"风波之后，独立站得到了越来越多的跨境商家的关注。国内电商和互联网巨头拼多多和字节跳动也先后尝试布局独立站，分别推出 Temu 和 If Yooou 两个跨境快时尚独立站，进军跨境电商发展的新里程。

五、跨境电商的发展趋势

海关数据显示，2016 年至 2020 年，中国跨境电商规模增长近 10 倍，2021 年跨境电商进出口规模达 1.98 万亿元，同比增长 15%，有力地支撑了中国进出口贸易的增长，成为带动作用最强的外贸新业态。

自 2016 年起，我国外贸发展面临着国际市场需求增长乏力、大宗商品和原材料价格下跌、进口需求下降、要素成本持续上升等不确定、不稳定因素，下行压力非常大。然而就在传统外贸整体低迷、增长不足的情况下，跨境电商却呈现出"逆势增长"的态势，承担起了推动开放型经济转型升级、打造新的经济增长点的任务。2020 年，新冠疫情席卷全球，改变了世界消费模式和需求，全球消费趋势从线下走向线上。如今，网购已然成为人们生活消费的新常态，带来了跨境电商订单新一轮的持续快速增长。

在新常态下，跨境电商在一定程度上解决了传统国际贸易所面临的市场问题、利润问题和价值问题。依托电子商务开展企业之间的大规模跨境贸易业已水到渠成。随着经济全球化和产业信息化的快速发展，跨境电商在世界经济中扮演着越来越重要的角色。做大做强无边界的跨境电商，构建全球化的自主销售终端，是与全球新贸易格局下主要国家和地区形成新型贸易关系的新途径，有利于推进我国从贸易大国向贸易强国的转变。

目前，世界各国都在大力发展跨境电商，并使之成为做强制造业，控制全球销售环节，进入别国市场的利器。虽然我国跨境电商交易量居世界前列，但起步较晚，为了尽快掌握跨境电商核心技术与平台，抢占行业话语权和制高点，国家从战略高度谋划着跨境电商的发展。在相关政策的大力支持和推动下，顺应时代特点，国内跨境电商的发展呈现出以下趋势。

（一）继续保持快速发展，B2C 占比提升

近年来，中国数字经济的飞速发展、新一代信息技术的应用和中国数字基础设施建设的加强，为跨境电商的发展提供了良好的产业基础和生态环境。中国跨境电商行业经历数年的积累蓄力，迎来了快速发展的"黄金期"。

自 2015 年首批跨境电商综试区设立以来，已有 105 个跨境电商综试区遍布全国。随着综试区形成的成熟经验和制度创新政策的逐步推广，跨境电商已然成为中国发展最快、潜力最大、拉动经济作用最强的贸易新业态。2021 年 7 月，国务院办公厅出台的《关于加快发展外贸新业态新模式的意见》，进一步释放了跨境电商领域的政策利好，提出要积极支持运用新技术新工具赋能外贸发展。倡导开放共赢，支持跨境电商发展亦是"十四五"期间商务部门的重点工作。2022 年以来，在《区域全面经济伙伴关系协定》框架下，商务部和各地政府相继出台了若干与跨境电商相关的后续政策及配套措施，推动跨境电商发展提质增效，为其激活了更广阔的发展空间。

随着中国跨境电商的发展，跨境交易产品日益向多品类延伸，交易对象亦逐步向多区域拓展。得益于多样化物流解决方案的不断出现，跨境电商销售产品的品类从最初的线上音乐和视频等零物流的数字化产品到服装服饰、3C 电子、鞋帽箱包、

家居园艺、珠宝首饰等便捷运输产品，再到母婴玩具、灯光照明等物流要求更高的大型产品，经历了一个由简单到复杂的过程。不断拓展销售品类成为跨境电商企业业务扩张的重要手段。品类的不断拓展，使得"中国产品"不但畅销于美国、英国、德国等成熟市场，还向俄罗斯、巴西、印度乃至印度尼西亚等藏有巨大潜力的消费市场渗透。销售市场的多元化增长将成为跨境电商未来高速发展的助推力量，全球消费者的日常生活将越来越紧密地和"中国产品"联系在一起，也有助于跨境电商企业抓住最具消费力的全球跨境网购群体，进一步提升 B2C 跨境电商的占比。全球化智库 2021 年 6 月发布的《B2C 跨境电商平台"出海"研究报告》显示，中国和美国目前是全球跨境电商的主要平台方所在国，也是全球跨境电商交易的主要市场。全球约有 26% 的 B2C 跨境电商交易发生在中国，中国超过美国、英国、德国和日本等，排名世界第一。

中国跨境电商迅猛发展背后，是中国数字经济综合实力的提升和多方长期蓄力的结果，前景广阔。

（二）移动端将成为跨境电商主战场，且日益场景化和社交化

随着移动技术的不断发展，智能手机、平板、电脑的迅速普及，互联网这个各国民众当下生活的必需品得到了充分的自我延展。移动端以其便于携带、方便使用的优点，逐渐在市场中体现出其独特的魅力，移动互联网在互联网使用中的占比越来越重。随之而来的便是移动端跨境电商 App 的使用占比越来越高，远远超过了 PC 端，这意味着移动端市场将逐步发展成为跨境电商领域的主战场。

移动技术的进步模糊了线上与线下商务之间的界限，以互联、无缝、多屏为核心的"全渠道"购物方式得以快速发展。在 B2C 模式中，移动购物使消费者能够随时、随地、随心地购物，极大地拉动了市场需求，增加了跨境零售出口电商企业的机会。在 B2B 模式中，全球贸易向小额化、碎片化发展的趋势明显，移动技术可以让卖方随时随地做生意，促成跨国交易的无缝达成。同时，买卖双方的沟通也凭借移动端这个媒介，变得非常便捷。

新冠疫情暴发以来，通过跨境电商进行消费的用户基数越来越大，主流跨境电

商平台上达成的订单大多数都源于移动端设备。在此形势下，Amazon 于 2020 年对苹果 iOS 端用户和安卓端用户所熟知的 Amazon App 进行了全新改版，优化了移动端的浏览和购物体验，以深化其品牌在消费者心目中的形象。目前，超过 90% 的东南亚互联网用户使用移动端上网，Shopee 也顺势将"移动"作为其在东南亚地区发展策略的核心：在七大市场推出七个独立的 App，并有针对性地进行本土化运营，通过优化移动端用户体验，创造适用于移动场景的运营方式以吸引海量的用户。

　　场景化和社交化是移动端消费与 PC 端消费最大的不同。当前移动端网购人群多为"Z 世代"消费群体，碎片时间多，逛街时间少，且经济实力并不雄厚。而场景化营销可根据不同消费者所处的时间、地点和行为状态的不同，提供信息、产品或服务来满足其即时的具体需求甚至激活消费者潜在的需求和行动。在场景化的消费情境下，往往能实现对需求的最大化创造。唯品会在其 App 上曾做过一项测试，当销售专题是"每个人都应该有一个链条包"时，当天链条包的浏览点击率明显比仅仅宣传"链条包低价折扣"时高三倍，而这种情况产生的原因便是场景化的驱动。因为大家会觉得既然每个人都应该有，那我也要进去看看。是哪位女士缺包吗？并不是，而且有些人甚至都有很多个包，但是在"每个人都应该有一个链条包"所营造的场景烘托下，她们新的需求又被创造出来了。除了场景化，这类消费人群在使用移动电商平台购物时，还有社交化需求，即将关注、分享、沟通、讨论、互动等社交元素逐渐应用于电商平台。据此，商家们开始日益重视对社交媒体的利用，致力于实现社交媒体+线上电商的多渠道同步管理，在获取最新流行资讯的同时还能收获一定的站外流量。比如近年来崛起的抖音、快手、淘宝直播、小红书等直播电商，还有顺势出海的 TikTok，在很大程度上便是得益于其互动性和讨论性。

　　从全球范围来看，移动端的浪潮依旧会持续下去，跨境电商的主战场，也将日益场景化和社交化。

【相关链接】

跨境直播电商趋势：国内直播电商转向跨境贸易，TikTok 成主流平台

iiMedia Research（艾媒咨询）数据显示，2020—2021 年中国跨境直播电商的市场规模呈上升趋势，预计在未来的 4 年内还会保持持续的增长趋势。2022 年将是中国跨境直播电商的元年，预计 2022 年市场规模将超过一千亿元，同比增长率高达 210%。随着 TikTok 电商平台的迅速发展，各大平台也将发力跨境直播电商，中国跨境直播电商潮流势不可挡。

2017 年 5 月，字节跳动推出抖音国际版 TikTok。当年 11 月，字节跳动以高达 10 亿美元的价格买下 Musical.ly，收购后字节跳动将之前在东南亚、日韩等市场推出的抖音国际版与 Musical.ly 进行合并，统一为 TikTok。

数据显示，当前 TikTok 拥有超过 10 亿的全球月度用户，其中 1/4 的用户会在观看 TikTok 视频后研究相关产品并进行购买。艾媒咨询分析师认为，TikTok 用户数量的爆发式增长以及营销高回报率，赋予跨境卖家们无穷的可能性。许多卖家通过 TikTok 短视频营销为产品引流，触达更多的潜在消费者。

TikTok 以 39 种语言在全球 150 多个市场上提供服务，在 2020 年第一季度，该应用程序的下载量为 3.15 亿，其中下载量较多的国家分别是印度、中国、美国。TikTok 的电商销售覆盖地区广泛，主要集中在亚洲、欧洲、北美洲、南美洲及大洋洲等。
（资料来源：https://baijiahao.baidu.com/s?id=1726000734004682558&wfr=spider&for=pc）

（三）跨境物流效率关注度日益提升，海外仓加速发展

在跨境电商活动中，商流、信息流、资金流、物流共同构成了一个完整的流通过程，"四流"相互作用，密不可分。而物流是构成跨境电商活动的"四流"中最特殊的一个，它是指物质实体在购、销之间进行交易并实现其所有权转移的运动过程，具体指运输、储存、配送、装卸、保管、物流信息管理等各种活动。之所以特殊，是因为它不像前"三流"一样，可以直接通过计算机和通信设备在网络上得以实现，而必须经由传统的物理方式传输。国内物流行业起步较晚，行业经营观念较为陈旧，尚存在不同程度的基础设施不全、技术装备落后、信息化水平不高、行业标准不完善等短板。益普索和 PayPal 联合发布的相关报告显示，全球近四分之一的网购消费者认为，配送速度是他们选择平台的关键考虑因素。可见，跨境物流不仅是跨境电商发展的重要支撑，也是决定消费体验的关键环节。很显然，会导致低效物流操作和低水平客户服务的物流企业低信息处理水平也亟待提高。不断提升跨境物流效率，日益成为业内普遍关注的一个全球性焦点。

在物流基础较为薄弱的国内，在电子商务企业各方尝试"突围"之时，国家相关部门也不断加大着对电子商务物流的重视。从 2011 年 10 月，中华人民共和国商务部发布《商务部"十二五"电子商务发展指导意见》，提出要完善电子商务物流

体系，鼓励整合利用现有物流配送资源，建设物流信息协同服务平台和共同配送中心，完善电子商务物流服务体系；到国务院印发《物流业发展中长期规划（2014—2020年）》，将电子商务物流工程列为十二大重点工程之一；再到商务部相关负责人表示，倡导开放共赢，支持跨境电商和海外仓发展是"十四五"期间商务部门的重点工作。一贯的政策扶持红利，使得传统物流企业、跨境电商平台、独立站卖家建设海外仓、完善跨境物流管理体系的积极性得到空前提高，行业竞争将进入白热化阶段。

海外仓是指国内企业将商品通过大宗运输的形式运往目标市场国家，在当地建立仓库、储存商品，当该国买家在线上下单之后，第一时间作出响应，由当地仓库直接进行分拣、包装并向其派送包裹。建设高水平的海外仓是提高跨境物流服务质量的有效途径，可以帮助跨境电商企业降低物流成本、缩短交付时间、贴近用户服务。相应地，跨境电商企业也会综合考虑物流成本、仓储速度、配送效率、异常处理能力等因素，并以此为据，选择符合自身需求的物流供应商。商务部数据显示，2020年跨境电商进出口规模达1.69万亿，较2019年增长31.1%，海外仓数量1800个，面积1200万平方米，分别同比增长80%和50%。2021年以来，海外仓数量规模不断扩大，达到1900个，面积增至1350万平方米，其中北美、欧洲、亚洲等地区海外仓数量占比将近90%。可见，作为跨境电商最重要的基础设施之一，海外仓的建设将持续不断加强，业务范围亦将辐射全球，为跨境电商发展提供强而有力的保障。

（四）跨境电商将进入规范化发展阶段，跨境支付体系日益完善

跨境电商作为一种新型的外贸交易方式，交易主体中出现了中小企业、订单碎片化、交易订单数量多但交易额较小、交易对象变迁等都是其不同于传统国际贸易的新特点。因此，传统外贸行业的法律法规在跨境电商活动中失去了应有的监管效力，一直保持着飞速发展、蓬勃壮大趋势的跨境电商行业因缺乏规范化要求和标准，在管理体系、服务体系等方面都存在着不少隐患。

2015年是跨境电商的转折年，自此世界各国都开始高度重视跨境电商的发展，中国政府更是把发展承载着传统外贸转型升级使命的跨境电商上升到了国家战略的高度。2018年，《中华人民共和国电子商务法》正式通过，对跨境电商等电商平台进行法律监督和指导，完善监管流程和制度，促进行业走向程式化、规范化，为中国跨境电商规范发展提供了基础性的法律依据，国务院及各部委颁布的规章文件也进一步明确了跨境电商的具体监管办法。同时，各地政府也在加快跨境电商综试区建设力度。2015 年以来，分五批共建 105 个跨境电商综合试验区。2018 年以来，又追加三个综合保税区，共 92 个综合保税区，并通过创新探索形成了不同类型的跨境电商试点模式和制度性经验。2019 年，为保护消费者权益和知识产权，以及为跨境电商海关监管等工作提供法律支持，我国配套颁发了《海关总署关于跨境电子商务零售进出口商品有关监管事宜的公告》，进一步强化了海关对跨境电商的监管。同时，国务院颁发相关文件，要求全国各海关口岸建立"单一窗口"，尽快实现针对跨境电商货物的"一站式"通关，对于高信誉保障经营者，给予免除或减少查验通关的待遇，进而提高效率。

跨境电商与跨境支付相互依存、彼此影响，跨境支付是跨境电商的重要环节，跨境电商的发展亦需要跨境支付的支撑。随着跨境电商市场交易规模的稳定增长，跨境支付行业作为刚需自然也跟着壮大，巨大的市场吸引了各类企业的加入，迅速增加的企业数量也使得跨境支付成为跨境电商行业最具变数的影响因素之一。支付机构在跨境外汇收支管理中承担了部分外汇政策执行及管理职责，其与外汇指定银行类似，是外汇管理政策的执行者与监管者。此外，支付机构主要为电子商务交易主体提供货币资金支付清算服务，属于支付清算组织的一种，但不同于金融机构。对此类非金融机构所提供的跨境外汇收支服务进行管理与职能定位，急须外汇管理局在法规中加以明确，制度上加以规范。为此，国家外汇管理局陆续制定和下发了《支付机构跨境电商外汇支付业务试点指导意见》《支付机构跨境电商外汇支付业务试点管理要求》等多项文件，外汇监管日趋严格。2018 年，国家外汇管理局针对第三方支付机构的超出核准范围办理跨境外汇支付业务且国际收支申报错误，未经备案程序为居民办理跨境外汇支付业务且未按规定提交异常风险报告等违规行为，开出了多个巨额罚单。与此同时，随着大数据、人工智能、区块链等金融科技的不断发展，我国跨境支付体系日益完善，支付模式也日趋成熟，整个跨境支付市场蕴藏着巨大的潜力。

近年来，跨境电商相关配套法规政策加快制定并陆续出台，国家更是加快了推进跨境电商领域多双边国际合作的步伐，在借鉴发达国家电子商务法律法规成熟做法的基础上，结合我国实际情况及实践，制定相关法律政策，进而优化支付管理环节，引领中国跨境电商进入规范发展新阶段，为跨境电商国际规则体系建设贡献着中国智慧。

（五）独立站将成为跨境电商运营时的新选择，DTC 品牌崛起

独立站是拥有独立网站域名、独立空间服务器，不依托在其他平台上的独立存在。相对各大跨境电商平台而言，独立站就是跨境电商企业自建的独立网站。随着第三方跨境电商平台日益激烈的同质化竞争、平台规则不断更新迭代且日趋严格、流量红利的大幅降低，跨境卖家所需要投入的成本和精力越来越大，利润空间被不断压缩，实体经济经营面临着不小的挑战，于是纷纷将视线转移到了几经沉浮的独立站模式上。雨果网 2020 年第二季度跨境电商行业研究报告数据显示，26% 的外贸企业选择了自建独立站。

与第三方平台卖家相比，独立站可以更自由地做个性化运营，没有第三方平台规则制约、不用遵守平台的条款和限制，而且不需要给第三方佣金；更重要的是，独立站可以用自身的积累实现二次营销、二次转化，提高消费者品牌忠诚度和品牌溢价转化率。因此，自建独立站成为品牌企业深度沉淀流量、挖掘消费大数据、使用社交媒体的首选。此外，随着以 Shopify 为代表的 SaaS 服务平台的增多，建站门槛也大为降低。

2021 年 5 月，波及中国 5 万多卖家的亚马逊"封店潮"，让众多跨境电商企业感到非常不安与迷茫。行业损失超千亿元，头部卖家遭到重创，公域流量的骤然缺失，让不少大卖家一夜回到解放前。在后疫情时期，以亚马逊为代表的第三方平台规则收紧，出重拳让平台卖家深感掣肘，激发了跨境电商企业对独立站以及 DTC（Direct to Consumer，直达消费者）品牌模式和私域流量的重新审视。通过搭建独立站，利用 DTC 品牌模式构建起私域流量池，配合裂变营销，实现私域流量的滚动式增加，最终提升客户对品牌的忠诚度和终身价值，已成为众多跨境卖家眼里解决当前困局

的必然选择。

艾媒咨询分析师认为，独立站模式具备一定的经营灵活性，易于收集、分析用户数据以运营私域流量，能够有效规避第三方跨境电商平台合规风险等优势，未来发展势头强盛。根据 2021 年 7 月 12 日国务院相关会议上公布的数据，近年来中国独立站发展迅猛，总数已经达到了 20 万个左右，独立站已经成为跨境电商的重要渠道。Shoplus 亦作出预测，未来三年将有一批平台卖家、B2B 外贸卖家、国内电商卖家涌入独立站，中国独立站卖家数量将超过 50 万。此情此景之下，与之伴生的 DTC 品牌模式也将凭借可靠的选品及供应链、明确且独特的市场客群定位、完整的品牌价值传递渠道脱颖而出，受到跨境电商的青睐。

"万物互联、万物互通"，现代互联网技术给跨境电商的出现和发展创造了机会，并为国家经济发展打造了新的增长点。小批量、多批次的外贸订单需求正逐渐代替传统外贸大额交易，成为我国外贸市场经济发展的新特点。跨境电商的发展，直接推动了物流配送、电子支付、电子认证、信息内容服务等现代服务业和相关电子信息制造业的发展，促进了国家产业结构的转型升级。通过跨境电商平台形成的虚拟数字化销售网络，企业可以直接与全球供应商和消费者进行互动，在降低交易成本的同时，有助于树立全球化的品牌定位，扩大品牌影响力，为企业打造国际品牌提供了新机会。

跨境电商加快了各国企业的全球化运营进程，极大地拓宽了其进入国际市场的路径，大大促进了多边资源的优化配置与企业间的互利共赢，使更多企业享受到全球化红利，有助于推动更加平等和普惠的全球贸易。同时，以跨境电商为抓手，推动政府各部门资源共享、高效运行、统一协作、创新服务，将对提升我国政府对外开放水平起到有力的推动作用，对转变我国外贸发展方式亦具有重要而深远的意义。

第二节 独立站

在 2021 年的亚马逊"封店潮"中,诸多大卖品牌纷纷遭禁,而全球知名的数码充电品牌 Anker 却未受到任何影响。有数据显示,Anker 2021 年上半年营收约 53.7 亿元,净利润约 4.08 亿元。

Anker 成立于 2011 年,是安克创新科技股份有限公司旗下品牌,主营产品涵盖移动电源、充电器、数据线、蓝牙外设等智能数码周边。在亚马逊、eBay 等跨境电商平台的帮助下,Anker 产品远销日本、北美、欧洲等国家和地区,成立一年多销售额就破亿元。在"封店潮"之前,Anker 一直是亚马逊等平台成功玩家的代表,然而,它并没有止步于此,而是积极规划并不断尝试着多渠道布局,以摆脱对亚马逊的依赖。其中,打造品牌独立站,直接面向消费者,重视社交媒体营销,构建私域流量池,成为 Anker 销售渠道体系中极为重要的一环。2021 年,Anker 在自己的品牌官网做大促活动,这明显不同于以往引流到亚马逊的操作,而是直接引导消费者在站内成交。据统计,在 Anker 2022 年的招聘计划中,40% 的运营岗位都是与独立站相关的,这从侧面说明了 Anker 正在重点布局独立站业务。

一、独立站的界定

独立站,也称自建站,顾名思义就是使用建站工具搭建的一个属于自己的购物网站,而非通过第三方网站拖拽或者自动生成的网站。它包括独立的网站域名、独立的服务器、独立的店铺以及独立的网站程序,并且可以通过独立站直面海外消费者,展示自己的商品,最后下单付款完成售卖。

独立站模式下,具备独立经营主权和经营主体责任的跨境电商公司,在第三方跨境电商平台之外另辟蹊径,通过购买服务器及域名自行搭建网站,直接与消费者互动,在线销售自有产品,从而不断沉淀形成自己的私域流量池,打造自己的品牌粉丝群体，并通过多渠道运营告别之前单一的平台运营方式，不断升级自己的产品，以满足跨境消费者的需求。华为官网、小米官网、苹果官网及国内外各大品牌的官网，都属于独立站范畴。

早在 20 世纪 90 年代初，独立站就初具形态。当时的跨境贸易主要依靠传统外贸企业参加线下展会来达成，由于信息技术和语言能力的限制，外贸公司萌生了建立网站，在线提供企业信息并介绍产品的想法，于是互联网上涌现出了一批英文企业站点，专门用来通过图文展示外贸商品，以便开展商业交流活动。但是，此时的企业独立网站，并不具备在线沟通及交易功能，国外客户在相关页面了解产品详情后，只能通过网站预留的联系方式来与企业做进一步的沟通。也就是说，早期的独立站，仅仅只是一个类似商品"橱窗"的存在。

随着网络信息技术的发展，步入 21 世纪后，跨境电商逐步兴起，互联网成为外贸企业拓展海外业务的又一渠道。初生不久的 eBay 和 Amazon 还未形成成熟的第三方跨境服务，此时通过跨境电商平台来拓展海外市场的外贸企业并不是很多。类似 Apple、Gucci 等国际知名品牌，开始在原有的自家官网上开发交易功能，一时间，品牌官网成为大型跨境零售企业的标配。然而，因开发代码门槛高、自建站成本不菲，中小跨境电商卖家在独立站上的参与度一直较低。国内最早的独立站出现在 2004 年左右，起初是借助 Google 搜索引擎优化的流量红利，在线销售游戏金币，再逐渐拓展到其他的品类。

2013 年以来，第三方跨境平台凭借着相关技术的突飞猛进，实现了快速的发展与扩张。在市场需求的推动下，业内也涌现出了一批跨境电商运营服务商，提供一系列建站及运营维护等服务，降低了独立站跨境模式的关键技术门槛，在跨境电商行业内形成了以第三方跨境平台为主，独立站模式为辅的格局。2019 年底暴发的新冠疫情，改变了世界消费模式和需求，全球消费趋势从线下走向线上，网购已经成为人们生活消费的新常态。后疫情时期，跨境电商的市场份额和交易额都逆势增长，迎来一个新的发展阶段。然而，随着疫情常态化对网购的促进以及头部电商平台运营规定的日益严苛，辗转多年的独立站再次获得了跨境电商企业的关注，被推到了风口浪尖。为了摆脱第三方跨境电商平台的束缚，跨境电商企业转而独立自主或基于 SaaS 系统服务提供商的辅助搭建具有独立域名的网站，根据产品特点，对网站页面进行个性化设计，自主制定产品详情页、社交评论区等功能版块，并进行品牌推广及销售，以便满足消费者在该网站进行在线交易支付、产品评价、互动交流的需求。跨境电商独立站完全根据企业的需要进行搭建运营，建站企业拥有该站点的绝对主导权，交易数据和用户流量都掌握在自己手中，具有非常大的自主性和可操作性，因此越来越多的第三方跨境电商平台卖家考虑脱离顶流跨境电商平台规则的束缚，开始向跨境电商独立站模式转型（如图 1-3）。

中国跨境电商独立站市场规模

据头豹研究院测算，2016年中国跨境电商独立站市场规模仅为0.2万亿元，2020年该数字上涨为0.8万亿元，预计到2025年市场份额将从2020年的25%上升至41%。

图 1-3 中国跨境电商独立站市场规模

亿邦智库发布的《2021 跨境电商金融服务报告》显示，2021 年，28.5% 的跨境卖家建设了独立站，8.6% 的跨境卖家表示销售额最大的渠道是独立站。消费者方面，谷歌与德勤中国联合发布了《2021 中国跨境电商发展报告》，报告中指出 75% 的受访者维持或增加了在品牌独立站的消费，这表明消费者已具备一定的品牌意识。同年 7 月，国务院办公厅印发《关于加快发展外贸新业态新模式的意见》，明确提出要支持外贸细分服务平台发展壮大，尤其"鼓励外贸企业自建独立站，支持专业建站平台优化提升服务能力"，为跨境电商独立站的后续发展提供了政策红利。

二、独立站的建站方式和运营的基本逻辑

既然是独立站,就意味着跨境电商企业需要搭建一个完全符合自身经营需求,且完全由自己掌控的网站。

(一)独立站的建站方式

目前,独立站建站主要有三种方式。

1. 全自主编写源代码开发独立站

全自主编写源代码开发独立站是消耗人力、物力、财力最大的一种方式。在此方式下,需要相关专业技术人员使用 JAVA、PHP 等编程语言进行代码书写、网页建设和网站开发,要求高、周期长,非常考验建站程序员的水平。

业内不乏完全靠自己写代码建立的独立站,Anker、Costway 等站点都是依靠自行组建的技术团队完成开发的。这样做的好处是,当企业对自身品牌形象、内容展示形式、客户管理途径要求较高时,可以在网站上实现更多个性化的功能。但是,很明显,这也需要企业付出更多的时间和金钱成本。

当然,也可以考虑重金寻求技术团队,将此项工作外包出去。但是后续的网站维护和升级难免又受制于人。可见,全自主编写源代码开发独立站,是一个高投入、高回报但又高风险的事情,不太适合刚做跨境电商独立站的商家。

2. 基于开源软件建设独立站

目前,Wordpress、Magento、Woocommerce、Opencart 等都是市面上可供选择的开源建站工具。这类供应商充分利用开源的特点,提供了容易和第三方应用系统无缝对接的相关源代码库,跨境电商卖家可以自己进行二次开发,实现想要的功能。

可见,基于开源软件建设独立站需要一定的代码编写技术基础,才能有能力结合自身业务的需要自由定制网站模块,满足运营者所期待的功能。在实际运营中,因为缺乏专业技术人员,一般中小企业很少选择这种方式。但是,因为这种方式可

以实现一定程度上的定制化要求，所以对于追求差异化，且有创新精神，却又对"全自主编写源代码开发"望而生畏的跨境电商企业而言，不失为一种较好的替代选择。

3. 利用 SaaS 建站工具打造独立站

利用诸如 Shopify、Ueeshop、Shoplazza、Xshoppy 等 SaaS 建站工具打造独立站，是目前大多数中小跨境电商卖家选择的，使用最为普遍的建站方式。SaaS 是 "Software as a Service" 的缩写，意为软件即服务，换句话说，就是通过网络提供软件服务。它是兴起于 21 世纪的一种将传统软件与互联网深度融合的新型技术形态，同时也是一种有助于外贸企业数字化转型的商业模式。使用 SaaS 打造独立站，服务商将系统软件统一部署在自己的服务器上，跨境卖家根据自己的实际情况购买不同服务及服务时长，具有成本低、操作简便、配套服务完备等优势。同时，SaaS 建站工具大多还与部分国际主流社交平台有合作，有利于网站建成后的推广，帮助卖家以更少的启动资金和更低的试错成本开启跨境品牌打造之旅。

对于大部分跨境电商卖家，尤其是新手而言，前期想快速建站，将重心放在运营上，利用 SaaS 建站工具打造独立站可谓首选，不需要懂太多的代码编程技术，根据自身的需求订购服务就能快速启动自己的网站。但是，这种模式的缺点也很明显，那就是网站功能模板相对单一，很难满足跨境卖家的个性化需求，出海多年的成熟大卖家很少选择此模式。

近年来，市场上的跨境电商独立站建站系统已经趋于成熟，不同建站方式和平台所需的成本费用以及能够实现的效果都不一样，跨境电商企业可以根据自身的实力和需求多进行对比，然后再做决定。

（二）独立站运营的基本逻辑

跨境电商卖家凭借自身实力或依靠第三方工具搭建了自己的独立站以后，将会尽其所能地把产品信息、促销活动、技术优势、企业文化等内容悉数完美地挂到网站上展示给顾客，同时设定好相对便捷安全的支付、物流、售后等服务模块，以及时响应买家需求。对于跨境交易活动而言，可谓万事俱备只欠东风，而这个东风便是"买家"。

买家源于独立站浏览者，也就是流量的转化，所以无论是做哪部分的运营工作，都离不开引流、存留、转化这三个必要环节。这也就是独立站运营的基本逻辑所在。

虽然说便于积累私域流量，但是独立站建立之初，本身是没有流量的，所以经营独立站的一个首要工作环节就是引流，即通过搜索引擎优化、广告投放、社媒运营、邮件营销等多种不同的渠道和方式搜寻目标流量，精准地将潜在消费群体吸引到独立站中。这是"货找人"思维的第一步，其效果主要取决于引流渠道的选择和引流方式的执行。

第二，就是存留，即通过站内独特的运营方法和技巧延长消费者在独立站中停留和浏览的时间，以便促进其询盘和加购。同时，要注意寻求消费者易于接受的办法来获取他们的联系方式，为后续的营销推广提供目标信息。对于曾经交易过的顾客，更应该做好客户维系，增加其复购概率。NP Digital 联合创始人 Kissmetrics 曾披露过的一组数据显示，失去一位客户的平均成本为 243 美元，但这不仅仅是成本问题，失去客户意味着对独立站企业的信任产生负面影响。可见，存留环节的成效与品牌和商品定位，以及用户的购物体验有着密切的关系。

转化，是独立站运营基本逻辑中最能检验成效的一个步骤。将公域流量引进独立站只是提高了独立站的点击率，流量要转化为存量，存量转化为询盘，询盘转化为订单，订单转化为效益，才是跨境电商独立站运营者最有成就感的时刻。转化的效果通常用转化率来表示，它是运营独立站成败的关键性指标。对于购物型的独立站而言，转化率 = 成单人数 / 总访问人数。转化率直观地衡量了一个独立站的盈利能力，是跨境卖家们普遍关注的重要站内参数之一。转化率的提高离不开引流和存留环节中有效的细节操作，在一定时间段内独立站总浏览量不变的情况下，转化率预示着转化环节的成效。

将尽可能多的公域流量通过各种渠道和方式引入独立站，想方设法延长访问者在站内的停留时间并留下客户信息，促使其加购或下单，转化为成交顾客，再管理好这些老顾客，以期其能成为免费裂变新客户的渠道，不断灵活自主地把流量承接好，真正把客户变成自己的私域流量，达成消费者信任和品牌忠诚，这就是独立站运营的基本逻辑。简而言之，也就是引流、存留、转化。三者关系如图 1-4 所示。

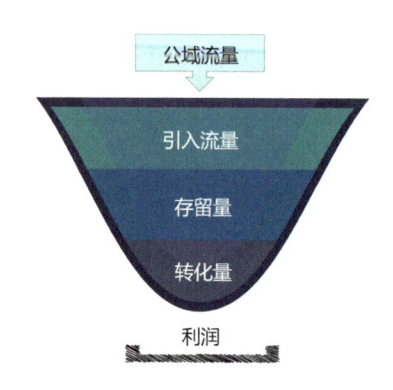

图 1-4 独立站运营的基本逻辑

三、独立站的运营特点

2021 年 5 月 7 日,有消息称大卖家傲基在亚马逊的 AUKEY 店铺被封,产品全部下架。7 月 6 日,天泽信息发布公告,通报旗下跨境电商子公司有棵树科技有限公司涉嫌违反亚马逊平台规则,已知的涉嫌冻结资金约为 1.3 亿元。时隔一个月,义乌华鼎锦纶股份有限公司发布公告称,旗下全资子公司深圳市通拓科技有限公司(以下简称"通拓科技")多个品牌涉及的店铺被亚马逊暂停销售,资金被冻结。截至 8 月 5 日,通拓科技被禁售关闭店铺数多达 54 个,涉嫌冻结资金 4143 万元人民币,占公司 2020 年年末货币资金的 4.27%。至此,被誉为"华南城四少"的赛维、傲基、通拓、有棵树中,已有三家受到此次亚马逊电商平台封号风波的影响。据悉,帕拓逊、泽宝等多家头部跨境电商的产品相继遭亚马逊下架,其中大部分卖家 2020 年营收都达数十亿元。危机当前,不仅"大卖"遭殃,"小卖"们更可谓是遭遇了"灭顶之灾",但凡被封号的卖家,不但店铺被关,就连店铺账户内的资金,都被全数冻结。在以亚马逊为代表的第三方跨境电商平台对卖家政策日益收紧的情况下,跨境电商企业经营独立站做自有品牌已成大势所趋。相比第三方平台模式,独立站出海,运营形式灵活,呈现出以下特点。

（一）独立自主束缚少

"独立"是独立站的本质所在，因为自己全权运营，自主权高，所以在平台属性、网站规则、页面版块、用户管理、流量获取、互动管理和消费者体验等方面跨境电商企业都可以按需自行制定，以充分体现商家风格、发挥自家商品特色和储备优势。由于摆脱了第三方跨境电商平台的制约，卖家不用服从平台层出不穷的政策和规定，也不必时刻担心平台规则的改变会影响运营。没有了第三方平台条条框框的限制，卖家也不用再过多地关注站内评论、列表和排名以谋求平台提供的推广资源，而是可以集中优势力量根据产品特点以及国外买家的个性化需求，采取更加灵活的方式，直面消费者开展营销推广活动。

（二）商品溢价空间大

虽然借助第三方跨境电商平台出海方便快捷，但是"寄人篱下"，就少不了"雁过拔毛"。按每笔成交金额的 8%~15% 抽取交易佣金，是各大平台的常规操作，再加上一些需要缴纳的增值服务费、年费等，跨境卖家的利润被蚕食。而独立站绕过了主流电商平台，节省了平台佣金、年费等支出，卖家就会有更多的资金用来运营和周转。

由于入驻门槛低，第三方跨境电商平台的注册商家多不胜数。在平台上经营，需要在遵循平台规则和用户属性的基础上，考虑平台内的市场容量和竞争对手。产品同质化愈演愈烈是不争的事实，为了获取流量和订单，平台商户频繁实施低价恶性竞争，价格战十分激烈，往往是没有最低只有更低。而经营独立站时，客户进入网站后，看到的只会是商家自己的产品，没有了流量竞争、横向比价，商家的定价更为自由。如果有强大的供应链作助攻，跨境电商企业更是能凭借对自家产品的完整展示，以其所能触达的用户对商品的价值认知作为产品的定价依据，具有较大的溢价空间。

此外，独立站直面客户，跨境卖家可以根据互动反馈和后台数据，分析用户需求，给用户画像，从而改良产品设计，精准地进行营销推广，提高商品溢价转化率，增加销量，摆脱平台价格战等恶性竞争，将自己的优势和利润最大化。

（三）数据及流量安全可控

众所周知，第三方跨境电商平台虽然都会向注册卖家提供类似"数据纵横""数据智囊""生意参谋"等基本信息服务，以便商家进行经营数据分析，但是凭借其信息相对垄断的优势，开放的仅是部分数据，很多核心数据并不与卖家共享。而其中最重要的，便是客户数据，也就是业内经常提到的流量。

流量，对于跨境电商企业而言，就是命脉，它是消费者认识品牌、转化为订单的重要参数。虽然第三方平台本身的声誉可以带来自然流量，但是这些流量会被平台按照一定的规则在众多卖家之间进行分配稀释，每个跨境卖家能自行掌控的寥寥无几。而独立站建立之初并无流量，需要通过多种渠道自行引流，但是一旦将流量引入网站，跨境卖家就能将这些数据完全掌控在自己手中，打造自己的私域流量池。没有平台流量的竞争，独立站便拥有了自主可控的发展空间，跨境企业不仅能对客户数据、行为数据、交易数据等各种数据进行安全控制，而且能够实现数据的二次开发和管理，从而源源不断地发掘数据价值以实现有效增值。

独立站直面全球用户，通过搜索引擎和社交媒体引流可以达到最大程度的获客，从点击浏览、站内搜索到售后服务的全程消费者数据，都是独立站自己的，都是跨境卖家可以自行安全掌控的。以后台数据为依据，分析用户画像，针对消费者需求和反馈作出快速灵活的响应，及时优化网站、产品和营销渠道，适时开展二次营销与交叉销售，全方位提升消费体验，在增加客户黏度和降低客户流失率的同时还能助力自有品牌的塑造。

（四）有利于塑造企业品牌

作为一家自主研发无损音乐播放器等便携式音乐产品的中国企业，海帝思在 2018 年以前，都将亚马逊平台和线下经销商作为公司产品的主要销售渠道，并且在海外拥有了一定的品牌知名度。然而，从 2018 年开始，它开始计划开设独立站。"我们不希望别人想到海帝思就只能联想到某一款产品。长远来看，这不利于品牌的树立和深度运营。入驻第三方电商平台得到的流量永远都是池子里的，而不是完全属于品牌的，因此我们一直在思考如何将流量有效地引到自己的池子里。"海帝思相关负责人如是说。经过两年多的努力，时至2021年，独立站已经成为海帝思品牌和用户的主阵地，品牌认知在用户层面不断加深，基本实现了品效合一的目标。

正如海帝思相关负责人提到的那样，第三方跨境电商平台的消费群体在购物时面对的是提供同质化产品的若干商家，其购物行为倾向于货比三家，并不一定会购买特定品牌的商品，也就意味着平台流量再大，也是各卖家可以分享的公域流量，且主导权还握在平台手中。而直面消费者的独立站，开展的所有运营宣传活动，都是以卖家品牌为基点，由于控制了一手数据，可以深入开展精准营销，实现与用户的深度沟通与交流，一方面提升了产品的消费者信任度，可增加消费者的回头率，有利于培养用户的品牌忠诚度；另一方面，也方便了客户了解公司和产品，为网站做了推广，为塑造企业品牌形象打下了坚实的基础。

独立站并不是一个新生事物，海外用户一直都有独立站购物的传统，他们思想更开放、更多元化，更愿意去选择适合自己风格的产品以及新颖的产品，而不是被动地接受别人的推荐。在美国，有很多垂直品类的电商网站，很多品牌都有自己的独立站，消费者基本上都是品牌认知群体，主动性强。跨境电商卖家凭借独立站出海，在社交媒体上与海外消费者产生互动，可以更为有效地与之建立情感链接，通过精细化再营销，让其产生对品牌的感知、兴趣和价值认同，从而实现品牌溢价和复购。与消费者接触，是塑造品牌形象的最佳时机，独立站的所有流量成本也会随着品牌的沉淀而逐步降低。

受疫情和其他相关因素的影响，本身就是一个独特品牌标识的独立站整体正处于一个增长期，其商业模式和商业逻辑更符合海外消费者的购物习惯，能为其提供更好的购物体验。所以海外消费者更倾向于直接在品牌商的直营独立站上购物，未来这个趋势还将不断增强。

（五）经营门槛较高

事实证明，拥有成熟的运营和管理体系的第三方平台更适合处于发展初期、供应链资源较弱的中小卖家，不用对线上店铺的搭建投入过多的精力，也不用投入大量的资金和专业性人才，就可以在平台规则的引导下布局店铺、上传商品并进行售卖。

相比之下，运营独立站，就是从零开始，需要购买域名和服务器空间；需要开发网站、设计页面；还需要搭建支付系统、物流系统、数据存储系统、客户管理系统等，再加上长期所需的技术维护，一般来说，一个专业的团队必不可少。即便是经过多年的发展，有了 Shopify、Magento、Ueeshop、Bigcommerce 等可以轻松协助经营者管理后台的建站工具，成熟的技术、简单易懂的主题模板、丰富的插件也难以做到背靠平台一个人也能开一个店铺的效果。

拥有独立自主的运营空间是独立站的优势所在，但也正因如此，独立站的经营管理者需要具备统筹全局的能力和谋略。独立站建设前期，流程烦琐，需要大量资本和精力的投入，整个网站结构都需要跨境商家自己去构思，站内功能模块的定义和设置也需要自行实现，网站风格、页面布局、图片美工、客户管理、数据安全等，无一不是对经营者综合能力的考验。这就要求跨境商家把更多的心思和精力放在市场定位、供应链管理、平台精细化管理、品牌调性、产品竞争力、精准营销等关键因素上，需要商户具备系统部署独立站的战略思维。而这些，对于大量涉足跨境电商的企业来说，并非易事。

有经验的跨境卖家曾表示，做独立站的"坑"不少于亚马逊，其中最直观的就是流量问题。不比入驻第三方跨境电商平台，新店前期还能享受到平台的扶持政策，得到平台公域流量的倾斜，独立站是没有基础流量的，需要跨境商家自己来为网站做优化，做宣传，所以前期需要在推广引流方面下很大的功夫。目前，独立站的流量来源基本上都是 Facebook、Youtube、Pinterst、Instagram 等几大主流社交媒体平台，营销效果并不可控，推广效果也难以评估，所以独立站运营的见效周期必然是比较长的。然而，大部分跨境电商卖家都希望看到快速增长的销售额，追求短期的高流量、高回报。这种认知上的不足，将导致急功近利，影响独立站的生存和长期发展。

大量事实表明，独立站运营最重要的就是外部流量的获取和用户的转化。快节奏的网络环境使得人们总是被新内容吸引，社交媒体存在有流量、没销量的营销困境。跨境电商，流量为王，空有流量没有转化率不但不能为企业带来利润，反而会因此增加营销投入和处理无用数据的精力。换句话说，即便是在耐心运营之后沉淀下来的优质自然流量，能不能转换、能转换多少，这都取决于独立站自身的商品的特色、储备优势和运营能力，也就是前面提到的独立站运营基本逻辑所在。

综上可见，经营独立站的门槛还是比较高的，从建站布局，到推广引流，再到沉淀私域流量、提高转化率，每个环节都需要跨境企业的经营者具备较强的体系化营销认知，每一步对跨境卖家的综合运营能力都是一种考验。

【相关链接】

字节跳动第一次挑战SHEIN，失败了

来去匆匆。试图复制SHEIN的跨境电商，撤了。

Dmonstudio近日正式在官网发布公告：2月11日起网站运营将关停，团队会继续为已购物消费者提供售后服务，用户还可通过官方邮箱联系团队。没有一点点征兆，这个才刚刚蹿红的跨境电商网站就偃旗息鼓，而且没有透露任何"死亡"的原因。

Dmonstudio之所以备受关注，源于字节跳动。据称，Dmonstudio这个项目在字节内部已经筹备了很久，属于S级项目，向字节跳动电商负责人康泽宇汇报。但截至目前，字节跳动没有正式回应。

SHEIN已经成为眼下创投圈最震撼的独角兽，甚至没有之一。成立于2012年的SHEIN和背后创始人许仰天都十分神秘。2021年底，曾有多位一级市场投资人透露，SHEIN估值已经高达1000亿美元，但至今这个数字尚未得到公司官方证实。目睹了SHEIN的成功，跨境电商开始迎来了一批又一批的挑战者。

这里，正在散发着前所未有的火药味。SHEIN最担心的对手出现了？流量之王，字节来了。但，撤退来得如此之快。

关停之时，Dmonstudio距离注册域名的时间（2021年11月3日）才不过三个多月，距离它以字节跳动旗下独立跨境电商的标签为大众熟知，也不过一周左右。甚至，人们还没来得及好好研究这个崭新亮相的"挑战者"。

公开资料显示，Dmonstudio是一个跨境电商独立站，主打快时尚女装，为用户提供女性时尚服装和配饰，产品包括舞会礼服、派对礼服、连衣裙等。需要强调的是，这些正是全球范围内女装消费的热门品类，也是与SHEIN重合度颇高的选品，因此备受关注。

试图挑战SHEIN，Dmonstudio做到了什么程度？其实关停之前，跨境独立站

Dmonstudio 已经覆盖到了一百多个国家及地区，在全球范围内布局了海外仓，这样的速度让人有充分理由相信这是一次筹谋已久的出击。资料显示，每周 Dmonstudio 推出的新产品在 500+ 以上，为用户提供多种语言支持，且无忧退货。

当然，无论是前面提到的选品定位，还是网站风格，Dmonstudio 都与 SHEIN 高度类似。更重要的是，立项才三个月的 Dmonstudio，团队人数据悉已经达到 400 人。对此一位电商领域的专家爆料："其中 200 人来自 SHEIN，对应的人力成本整体预算，至少 2 亿美元起，这是一种有钱的打法。"

Dmonstudio 与字节跳动的关系浮出水面。据一位字节旗下 TikTok 内部人士称，尽管 Dmonstudio 网站正式上线的时间并不长，但这个项目在字节内部已经筹备了很久，属于 S 级项目，向字节跳动电商负责人康泽宇汇报。更早之前就有报道称，TikTok 在加码一个自营电商品牌，对标 SHEIN。但截至目前，字节跳动都没有正式回应。

这更像是一次快速的试水。Dmonstudio 依托 TikTok 的流量，又独立于 TikTok 之外，正如字节在跨境电商领域的布局一向低调行事。试试 SHEIN 的反应，观察外界的反馈，圈内人相信，字节还会回来。

悄悄而来，又匆匆而去。一位关注电商赛道的投资人分析："电商平台关停很正常，业务发展不明晰，新用户认可度不高从而带来注册量少、转化率低等各种问题，经历了几个月后没有好转和变化，那面临的困难就会比较大。关停及时止损，很正常。另一方面，从供应链端来看，也许 Dmonstudio 跟现有的成熟业务比起来差距比较大，没有强有力的支持，也难免会关掉。"他认为，字节跳动同时试水多个跨境电商项目，寻找未来发展的可能性是再正常不过的事情。一旦找到突破口，凭借字节系的源源不断流量，一定会势如破竹。

（资料来源：http://www.capwhale.com/newsfile/details/20220217/96f19793b38a47bd91144b7180eef1f0.shtml）

四、独立站运营术语

不论是想逃离第三方跨境电商平台的约束而经营独立站，还是电商老玩家不满足于简单卖货想推动自有品牌出海而经营独立站，都需要了解独立站的运营术语，才能达到事半功倍的效果。

（一）AOA——平均订货额

AOA 是"Average Order Amount"的缩写，是用来衡量网站销售状况的商业指标。与将网站的访问者转化为买家同样重要的是激励买家在每次访问时购买更多的产品。

公式：AOA= 总销售金额 / 总订货数

（二）AOV——客单价

AOV 是"Average Order Value"的缩写，即平均每个订单的价格。

公式：AOV= 总销售金额 / 订单数量

（三）ARPU——每用户平均收入

ARPU 是"Average Revenue Per User"的缩写。ARPU 值高说明平均每个用户贡献的收入高，这段时间业务在上升。

公式：ARPU= 总收入 / 用户数

（四）A/B Testing

A/B 测试是一种随机测试的方法，它可以用来测试某一个变量两个不同版本的差异，并凭此对两个不同的方案进行假设比较。在跨境电商独立站的运营中，一般会对某个参数设置 A 和 B 两个版本，再测试消费者对于 A 和 B 的反应差别，根据结果判断哪种方式更佳。

（五）Bounce Rate——跳出率

跳出率也称回弹率，是访问了入口页面就离开网站的访问量与所产生的总访问量的百分比，也就是仅看了一页的访问者的比率。它是衡量广告引导页或品牌独立站中网页吸引力的指标。跳出率与网站效果、商品价格、营销策略等息息相关，如果访问者跳出率过高，对于入口页面（网站首页或者是常规进入页面）只是一掠而过，则需要重新审视独立站运营的相关问题。

公式：跳出率 = 访问一个页面后离开网站的次数 / 总访问次数

（六）Bots——机器流量

Bots 是指机器而非人为产生的流量，也被称为机器流量，即 Bots traffic。Bots 是互联网虚假流量的主要来源之一。

（七）CA——自定义受众

CA 是"Custom Audience"的缩写，指的是在媒体平台授予较高自定义程度的情况下，独立站卖家可以选择对自己的产品或业务有一定兴趣或产生过一些互动的，符合自己业务的受众群体。比如在 Facebook 中，跨境独立站经营者可以选择与自己的各种媒体有一定互动的人群，也可以导入自定义的用户信息来精准触达受众。

（八）CAC——用户获取成本

CAC 是"Customer Acquisition Cost"的缩写，即花多少钱获取了一个新用户。

公式：CAC =（N 个月的营销费用 + N 个月的销售成本）/N 个月的新客数量

（九）CP——转化路径

CP 是"Conversion Path"的缩写。在独立站运营中，转化路径是指消费者进入独立站以后，在完成卖家期望结果（一般指下单转化）的过程中所经历的详细步骤描述。

（十）CPL——每条销售线索花费的成本

CPL 是"Cost Per Lead"的缩写，即对每一条销售线索进行成本衡量。

公式：CPL= 总费用 / 线索量

（十一）CRM——客户关系管理

CRM 是"Customer Relationship Management"的缩写。企业与现有客户及潜在客户之间关系互动的管理被称为客户关系管理。通过对客户数据的历史积累和分析，客户关系管理可以增进企业与客户之间的互信，从而最大限度地增加企业销售收入和提高客户留存率。在独立站运营中，邮件营销、在线客服等都是客户关系管理的重要手段。

（十二）CTA——号召性用语

CTA 是"Call To Action"的缩写，是指任何旨在引导消费者迅速做出响应或鼓励其立即购买的营销术语。独立站运营过程中通常会使用 CTA 来提升转化。

（十三）CTR——点击率

CTR 是"Click Through Rate"的缩写，在跨境独立站运营中主要用来衡量广告带来的流量情况，通常用点击量除以 Impression（曝光量）来表示。

公式：CTR= 点击量 / 曝光量

（十四）CVR——转化率

CVR 是"Conversion Rate"的缩写，是独立站经营者用来衡量从流量到实际销售转化能力的指标，也就是流量的利用效率。转化率反映的是销售订单量与进入销售漏斗的人数（或者次数）的比例关系。

公式：CVR= 订单量 / 访问量

（十五）Dropshipping——无货源代发模式

Dropshipping 是独立站运营模式中的一种，指无货源的代发模式。

（十六）GMV——网站成交金额

GMV 是"Gross Merchandise Volume"的缩写，在电商行业里，通常用来表示网站一定时间段内的成交总额，包含付款和未付款两个部分，即实际拍下的总订单金额。

（十七）Listing——商品详情页

Listing 通常是指展示产品所有信息的独立商品页面。例如在品牌独立站中，点击某个商品后跳转到的详情展示页。在跨境实战中，往往一个高质量的 Listing 页面可以帮助买家迅速做出购买决定。

（十八）LTV——客户终生价值

LTV 是"Life Time Value"的缩写，可以理解为一个消费者从第一次到最后一次在某个网站购买商品这个生命周期中，能够给网站经营者提供的全部经济收益。

在跨境电商独立站领域，这个概念被频繁用于衡量消费者对商家所产生的价值，是商家能否获取高额利润的重要参考指标。

（十九）PV——网页浏览量

PV 是"Page View"的缩写，也称为网页点击量，主要用来衡量网站用户访问的网页数量。在一定的统计周期内，用户每打开或刷新一次页面就会被记录一次 PV 数，多次打开或刷新同一页面时，浏览量会累计。如果运营者想要统计自己的跨境电商独立站在某个时间段内有多少访问量，则可以参见网站的 PV 数值。

（二十）SEM——搜索引擎营销

SEM 是"Search Engine Marketing"的缩写。跨境独立站运营者通过搜索引擎付费推广自己的网站和产品，让用户更容易地搜索到相关营销信息并点击链接进入对应的网站或网页，实现直接与公司客服的交流和沟通，促进交易的达成。

（二十一）SEO——搜索引擎优化

SEO 是"Search Engine Optimization"的缩写，特指对搜索引擎搜索结果自然排名的优化，自然排名是指不通过给搜索引擎付费就能获得的排名。在运营过程中，要重视采用易于被搜索引用的手段，对跨境独立站进行针对性的优化，提高网站在搜索引擎中的自然排名，从而吸引更多的用户访问网站，提高访问量，以便提升独立站的品牌效应。

（二十二）SKU——存货单位

SKU 是"Stock Keeping Unit"的缩写，也可叫作库存单元，通常为库存管理中的最小可用单元。在不同的行业、公司、模式下，SKU 可以衍生出不同的内涵。在跨境电商中，SKU 是一个重要的指标数据，具体指的就是通过产品属性值组合出来的单品，包括其规格、颜色、款式等。例如，一件军绿色的连衣裙，M 码，纯棉材质，这就是一个 SKU。

(二十三)SPU——标准产品单位

SPU 是 "Standard Product Unit" 的缩写，通常用来表示商品信息聚合的最小单位，是一组可复用、易检索的标准化信息的集合，该集合描述了一类产品的特性。在概念上，SPU 和 SKU 容易产生混淆，从所指范围而言，类目 >SPU>SKU。用具体产品举例，HUAWEI Mate 50 是 SPU，512G 曜金黑 HUAWEI Mate 50 则是 SKU。

(二十四)UV——独立访客

UV 是 "Unique Visitor" 的缩写，主要用来统计 24 小时之内访问某站点的用户数量，以用户访问时产生的 cookie 为依据。也就是说，网站判断来访电脑的身份是通过来访电脑的 cookie 实现的，所以通常会将访问网站的一台电脑客户端作为一个访客。如果用户更换了 IP 但不清除 cookie，再访问相同的网站时，该网站的统计中 UV 计数是不变的；而如果用户不保存 cookie、清除 cookie 或者更换设备访问，则 UV 计数会增加 1。跨境独立站卖家想要知道自己的引流环节是否成功，可以通过查看网站 UV 数的多少来进行推测。

(二十五)重复购买率

重复购买率是指在单位时间段内，再次购买人数在总购买人数中的占比。例如一个月内，有 100 个客户成交，其中有 20 个是回头客，则重复购买率为 20%。

(二十六)独立 IP 数

独立 IP 数，也称 IP 数，是指 1 天内使用不同 IP 地址访问某网站的用户数量。通常认为一个 IP 地址代表一个用户，同一 IP 无论访问了多少个页面，独立 IP 数均为 1。当然，如果一个用户使用了多个 IP 地址来访问同一个网站，则每个 IP 都会让独立 IP 数增加 1。需要注意的是，独立 IP 数是基于广域网 IP 地址来区分不同访问者的，处于同一局域网内的用户，IP 地址是相同的。可见，独立 IP 数有利于跨境独立站卖家统计客户情况。

（二十七）加购率

加购率是指跨境电商独立站中将商品添加到购物车的消费者数量和总人数之间的比率。它是独立站运营过程中应该重点关注的一个指标，也是独立站转化率链条中的一个重要影响因素。

（二十八）商品动销率

商品动销率是衡量商品销售情况的一个运营指标，它能从侧面衡量网站的选品情况，适用于 SKU 比较多的独立站。

公式：商品动销率 = 动销品种数 / 门店经营总品种数

五、独立站的运营模式

独立站发展至今，因时代条件的不同、不同卖家开启独立站方式的不同，出现了多种运营模式。

（一）铺货模式和垂直模式

铺货模式是指不局限于单一品类，在自有网站中大批量地上架商品，从而获得订单的独立站运营模式。因 SKU 种类丰富繁多且单价较低，容易引起客户的消费欲望，所以在行业初期，铺货这种简单快捷，又能灵活多变地迎合市场需求，且开店门槛较低，类似杂货铺的运营模式风靡一时，可谓有货就可以大卖。从中国跨境电商早期先行者 Chinavasion，到独立站资深玩家兰亭集势，再到跨境大卖家有棵树、赛维等，都在各渠道广泛积累过大量的 SKU。在铺货模式下，卖家有大量的在售商品资源，可以顺势对不同商品的销售情况和市场反响进行统计测试，针对 CVR 高的商品加大投放预算从而打造爆款，所以铺货模式也被称为爆品模式。

按照铺货模式的运营逻辑，只需要积极地上传新产品，做好市场宣传，就有一定概率获取订单，还可以寻找潜在爆款，即便是新手卖家，都可以凭此构建一个较为稳定的线上销售网络。但是，随着跨境电商行业逐渐成为红海，商品和卖家越来越多，铺货这种简单粗犷的操作，已经开始与流量和供应链成本巨大、运营日益精细化的要求难以磨合。由于一味迎合市场，站内商品繁多而杂乱，缺乏系统性和专业性的规划，不利于站点形象的树立。而且市场热点不断在变，卖家无法固定其目标客户，就更谈不上针对精准客户进行精细化运营了，独立站营销难度也将随之增加，很难收获忠实客户。

当前，跨境电商行业已经基本进入了规范化发展阶段。在激烈的行业竞争中，目标市场明确、运营专业而精细才是独立站打造自主品牌、做大做强的基本保障。

因此，在通过铺货模式建立起初步的销售网络之后，就应该考虑逐渐转型升级，走上垂直电商之路。

与铺货模式不同，垂直模式一般是指仅专注于某一细分领域、只销售某个特定品类商品的独立站精细化运营模式。此模式下的卖家，大多都聚焦于利基市场，拥有自己独特的品牌定位和固定的目标客户群体。因为深耕某个行业或者细分市场，所以商家能从差异化定位和独特的品牌附加值入手，为目标客户提供更加符合其需求的特定产品，从而让目标消费者感受到更强的专业性，加深其信任，提高商品的转化率和复购率，有利于品牌形象的建立和传播。

目前，越来越多的卖家选择采用垂直品类来直击细分人群。在经营过程中，由于 SKU 的大幅减少，商家可以更专注于某个领域，不仅对产品更加了解，对营销形式、供应链和相应的消费者特点也会有更为专业的把握。例如国内知名品牌 Anker，就只卖与电子配件相关的产品。可见，垂直模式走的是一条品牌化和专业化的长期之路，受众的相对固定，是积累客户和培养品牌忠诚的重要条件。

需要注意的是，虽然垂直类产品能以更低的成本吸引更多的用户，增加更多的流量，有更强的可持续性，但是因为类别单一，所以垂直模式的独立站容错率较低，如果细分市场选择不当或者商品品类选择有误，就很有可能前功尽弃。为此，既要避免垂直分类过于狭窄，又要避免选择市面上已经成熟的、竞争较大的品类。目前，不少垂直模式运营的独立站正在朝着 DTC 模式转型。

（二）Dropshipping 模式和 DTC 模式

Dropshipping 模式也称无货源模式，这是一种无产品、无库存的独立站运作模式。卖家在国内平台上选择商品并将其上架到独立站，通过引流，一旦有顾客在独立站中下单购买，卖家便根据订单向供应商下单，将顾客的购买信息以及装运细节等要求提交给实际供应商，由供应商将货物直接发送给终端买家。此过程，可以理解为将商品生产、物流等环节外包给了他人，不仅降低了卖家的成本，还充分利用了供应商的资源，可谓双赢。

没有资金压力，没有库存压力，没有前期囤货，Dropshipping 模式堪称入门版的跨境电商，跨境初学者、小型卖家都可以轻易上手。同样，此模式也适用于刚开始想做独立站但又信心不足的卖家，不用担心资金周转和库存问题，经营压力小，可以迅速启动，且发货环节省心，成本低，效率高。在此模式下，独立站新玩家可以在初期将主要精力投入到流量渠道学习中，致力于做好店铺引流，以较快的速度测试出适合自己的高效引流方式，解决独立站经营的核心问题。

Dropshipping 的运作模式决定了选品是影响商品转化率的重要因素，虽然不用囤货积压资金，但是上架商品选择不当也会直接对独立站的营收产生不利影响。此外，另一个不容忽视的问题在于商品的成本、品控、物流服务等都掌控在实际供应商手中，独立站卖家无法根据顾客的需要来进行调整，也无法保证产品和服务的质量，从而影响独立站良好口碑的建立。为此，DTC 模式成为无货源模式运营独立站的转型目标。

DTC 是"Direct to Customer"的缩写，意为直达消费者。顾名思义，DTC 模式就是拥有自己的工厂和产品供应链的独立站商家，通过自有官方网上销售渠道与终端买家对接，不经过经销商或中间平台将商品直接销售给消费者，促使他们完成购买动作的运营模式。由于消除了中心化、平台化，且没有中间环节的差价，DTC 模式不但可以规避第三方平台或者分销渠道带来的风险，还缩短了商品的经销路径，降低了产品的销售成本，从而可以为客户提供实惠的商品价格和独特的购物体验，赋予客户强烈的品牌感。与此同时，还能因直面顾客而收集到详细的客户信息，加强沟通，促进复购。

DTC 模式将消费者作为终端，以其为导向逆推供应链的构成，将生产、营销、支付、物流、售后、管理、业务拓展等环节整合到网络直销生态系统之中，从而促进独立站经营的可持续发展。可见，运用 DTC 模式运营独立站的商家需要有较强的实力和远见，不但要能做产品设计和研发，还要能做品牌建设规划和客户管理方案，将产品和流量都牢牢地掌控在自己手中，从而在品牌形象塑造、多渠道营销、低成本引流、沉淀忠实消费者等问题上拥有主动权。

（三）单站模式和站群模式

单站模式可以理解为普通意义上的品牌独立精品站，以销售垂直类目的优势产品为主。换句话说，就是在独立站中只上架一款或者几款爆品，主要强调的是引流和获利，所以也被称为爆品单站。之前红极一时的指尖陀螺、指尖猴子等商品的大卖，主要采用的就是这种打法。而当独立站的经营者在此基础上明确了自己的奋斗目标及发展方向，打造出了整个品牌构建及网站运营的具体发展流程，那么爆品单站就踏上了升级为可持续发展的品牌独立站的征程。

当某个跨境卖家利用建站工具快速建立出多个拥有独立域名、独立服务器、独立 IP 的独立站，并同步开展经营活动，就形成了站群模式。站群卖家通常拥有几十个或上百个独立站，每个网站投放某一垂直领域类的产品，且包装成专业的工厂和卖家，将产品细节和公司实力的展示都尽量做到完美，通过大量的分销铺货，在较短时间内获取尽可能多的流量，并用谷歌的 Ads、Facebook 广告和 EDM 做测品，从而快速创造、筛选出受欢迎的产品，有针对性地加大 SEO 和竞价预算投放，实现有效转化。相比单站，站群模式更具规模，需要大量的运营人员、广告账户、收款账号等，也就意味着对商家的实力要求更高，需要更多的资金来支持站群的运作。

从一定角度来说，站群模式跟之前提到的铺货模式有共通之处，都是得益于国外电商的流量红利。随着入局者的增加，跨境电商行业竞争越来越大，流量红利逐渐消失，站群模式已现颓势。此外，因轻资产、低门槛、赚快钱的站群模式脱离了平台的强监管，更容易吸引不守规矩的卖家，货不对板问题严重，售后服务很难有保障。在整个跨境行业生态环境合规化的今天，粗放型运营站群的风头已过，独立站运营理应趋向正规化、理性化发展。搭建能有效摆脱利润缩水、内卷价格战等问题的品牌独立站，不失为一个值得考虑的方向。

除了以上提到的常见模式，有些独立站还会使用 COD、POD 等模式。COD 是"Cash On Delivery"的缩写，COD 模式即为货到付款模式，也就是当货物送到时，由快递员代收货款，"一手交钱一手交货"。因为不需要先付费，而更容易获得用户信任的 COD 模式建站成本低，可较快铺开，高单价，能够获得的利润高，且不需要缴纳平台佣金，回款周期快。与跨境商家通常重视独立站的转化率不同，COD 模式更注重的是消费者的签收率。目前，这种模式在东南亚各国及中东地区比较流行。POD 是"Print On Demand"的缩写，字面意思为按需打印，所以 POD 模式主要突出的是独立站的"定制"服务。在消费者下单之后，按其要求进行个性化生产，比如给水杯印制指定图案、给短袖打上指定标签等。采用这种模式，需要将产品的制作周期控制到尽可能地短，独立站卖家应有与供应商联手定制一些具有设计元素的合作款产品的渠道和能力。用 POD 模式经营独立站，极具个性且自带流量，省去了库存之忧。但是，对于"定制"，消费者往往对产品质量和实物效果有着较高的心理期待，卖家最好在各个环节都能做到精益求精。

第二章 独立站助力 DTC 品牌出海

跨境电商发展至今,独立站精细化运营势头尽显。垂直、单站、POD 等模式下非粗放式运营的电商卖家在拥有了较为稳定的经营流程和相对固定的客户群体之后,打造并推广自有品牌的计划也提上了日程,纷纷借助独立站的优势走上了 DTC 品牌出海的道路。

第一节　DTC 品牌的内涵

现代营销学之父菲利普·科特勒认为，品牌就是一个名字、称谓、符号或设计，或是它们的组合，其目的是要使自己的产品或服务与竞争对手区别开。品牌是能给拥有者的产品或服务带来溢价、产生增值的一种无形资产。品牌的口碑能反映人们对一个企业及其产品、售后服务、文化价值的评价和认知，所以品牌的建设具有长期性。

DTC 的全称为"Direct to Customer"，"DTC 品牌"直译就是直接面向消费者的品牌，它不但界定了品牌本身的性质，还指出了促进其建设与可持续成长的模式。DTC 模式是指由同一个公司设计、生产、营销、销售的品牌通过互联网线上销售渠道，不经过经销商或中间平台，直接通过自己的官方渠道接触消费者，与消费者互动，将商品直接销售给消费者。具体实现形式上，国外多是企业官方网站或 Facebook、Instagram 等移动端 App，国内一般是抖音、小红书、微信小程序、朋友圈等。

DTC 品牌并不是近期凭空产生的，其源于 21 世纪初的美国，发展至 2015 年前后才开始进入大众视野。按照美国对 DTC 品牌的界定，企业自建互联网销售渠道，直接将产品销售给用户，没有中间商赚差价。那么，工厂建个网站自己卖货就可以称为 DTC 了吗？这显然是没有把握住 DTC 模式的本质。"没有中间商赚差价"，消费者确实可以享受到更加实惠的价格，但是这并非 DTC 的全部意义和价值所在。将批发商和零售商排除在经营销售过程之外，企业可以更近距离地接触到消费者，通过双方的有效互动和沟通，积累大量第一手客户信息，以促进产品优化和企业运营管理，从而与消费者建立起更深层次的联结。与此同时，消费者通过直接向企业表达自己的意愿，也更有机会选购到称心如意的商品。如此一来，提升复购率，挖掘消费者的最大化生命周期价值便成为可能。由此可见，DTC 模式最能撼动传统商业的地方应该是能让企业把控用户感受，收集购物者信息和反馈，并借助对这些数据的分析，制定出一系列能为消费者提供超预期购物体验的办法。所以，去除中间商，实现商品"从工厂直达消费者"只是"知其形"，而 DTC 模式的本质和精髓在于以消费者需求为核心，通过数据和用户反馈来改变产品，打造尽可能完美的品牌形象；借助数字化手段的优势，通过社交媒体与消费者紧密互动，维系良好的品牌和消费者关系。

鉴于此，不但国内一些新锐品牌开始借助 DTC 模式崛起，并得到了越来越多消费者的认可，且众多传统品牌也纷纷开始寻求 DTC 转型，例如安踏。

【相关链接】

安踏如何靠 DTC 数字化转型，将国货品牌做成全球第二

2022 年 NBA 总决赛过去了好几天，国产品牌安踏赚了个满钵。体育巨星使用安踏品牌的产品早已不是新鲜事，有趣的是，一线赛事出现国产品牌正逐渐失去违和感。

2020 年，安踏集团宣布全面推进集团的数字化转型战略，通过精细化运营管控、数字驱动决策的能力深化，帮安踏实现在供应链、生产制造、商业企划、会员管理及零售渠道等环节的效率提升。2021 年 6 月底，安踏总市值超过 3000 亿元。这个体量已经超过阿迪达斯，跃居全球运动品牌第二。根据其不久前发布的 2021 年财报，安踏 2021 年营收达到 493.3 亿元，直逼耐克。在财报中，安踏表示，DTC 转型成效是业绩提振的重要原因之一。

我们知道，全球消费市场过去几年产生很多变化，大量讲人设、重体验的小众新消费品牌的崛起成为现象。

这些新消费品牌的崛起，大都采用了 DTC 模式。比如 lululemon，通过 DTC 模式快速成长为世界市值第三的服贸运动品牌，再比如我们熟知的耐克，早在 2015 年就正式将 DTC 模式当作公司战略。

DTC 是一种最早诞生自北美的品牌模式，从字面上理解是"直接触达消费者"，原指诞生于线上的独立零售商，直接通过官网或线上门店向消费者销售产品，省去经销商、代理商、零售商等一系列环节。

从企业经营角度来看，由于砍掉了中间商，DTC 模式往往能够带给消费者更高性价比的购物体验。另外，由于距离消费者更近，更懂消费需求，就越容易受到消费者青睐。

DTC 模式的突然出现和迅速发展壮大，与我们商业环境的三大要素变化相关：

（1）渠道：从集中到分散。从原有集中式的大型卖场，转向碎片化的小业态和多个移动互联网电商平台。

（2）媒介：从权威到碎片化。从原有非常权威的官方媒介转向碎片化的移动互联网内容平台和社交平台。

（3）供应链：从分散到集中。过去比较分散化的供应链生产体系转向越来越集中的超级供应链工厂阶段。

这三大要素的变化，导致新品牌诞生的成本和竞争壁垒降低，所以很多新品牌可以借助 DTC 模式实现弯道超车。

2021 年，全球 DTC 品牌迎来了 IPO 热潮。眼镜品牌 Warby Parker，运动品牌 On 昂跑、all birds，医用服饰品牌 FIGS，大码服饰品牌 Torrid，狗狗零食玩具订阅商 Bark Box 等纷纷上市。这些品牌创立时间最长的不过七八年，最短的还不到一年，对于传统品牌，这样的发展速度是难以想象的。而传统、稳定的经销网络也因利润太低转向那些受新兴人群喜爱的新品牌。在这种压力下，像耐克、宝洁这样的老品牌干脆而也转型 DTC。

既然 DTC 模式如此应景，安踏高调搞 DTC 转型就变得不难理解。作为国内运动品牌中多年的"追赶者"，安踏早就习惯了先找对标，然后采用"对标+跟随"的策略。当超越李宁，成为国内运动品牌龙头后，安踏便将对标对象升级为全球运动品牌龙头耐克，此时耐克已经探索出了较为成熟的 DTC 模式。

安踏在宣布进行 DTC 转型后，主要通过"数字化"进行渠道改革，实现货品的直面消费者。缩短交易环节，对于品牌来说获得更多的利润，对于消费者来说，也可以获得更低的购买价格。这是安踏 DTC 转型非常重要的一方面。

但另一方面，渠道的改变并不能给品牌带来质变，更无法仅借助渠道的改变引爆整个品牌。

根据《知家 DTC 白皮书》中的解释，DTC 的本质是"以消费者为中心"的商业思维，它是一种手段，并非目的。品牌一定是跟着消费者走，尊重消费者，通过打造极致的消费者体验，建立消费者对品牌的信任，这种信任源于品牌的初心。

所以"直面用户"，一方面是指企业要自己掌握渠道，实现与客户的连接，而不是经过第三方平台去获取用户的关注；另一方面是，企业需要根据用户的需求和痛点，去生产和设计产品。

目前看来，安踏仅做到了渠道的优化，想真正实现"直面用户"，还需要进一步把控用户数据、用户认知、用户价值，而不是仅仅依托于渠道的改变。

（资料来源：https://mp.weixin.qq.com/s?__biz=MzAxNjYwMjY1MA==&mid=2649320557&idx=2&sn=815c84cd11b1622f5e43a38e8ea4ae2d&chksm=83ef8f18b498060e57192506549c97d401cf370d86d50b507b7f64629473cdbf87bd081cc553&scene=27）

国产品牌安踏在 DTC 转型中，仅通过渠道改革实现货品直面消费者，便取得了可观的业绩增长和较高的品牌全球知名度，但是离在全球范围内引爆品牌，使整个品牌产生质的飞跃还有一定的差距。这就需要它在充分理解和把握 DTC 模式本质和精髓的基础上进一步做好客户沉淀和沟通，用符合客户预期的产品和极致的用户体验来增强消费者对品牌的信任，从而打造有口皆碑的国际品牌形象。

综上所述，DTC 品牌就是在 DTC 模式下运作成长起来的品牌。因为致力于加强企业与消费者之间的联系，直面终端消费者需求，通过关注和收集顾客的消费行为和偏好数据，有针对性地提供更适合的产品与服务，所以能提升品牌形象和盈利能力。由于可以通过独立的销售渠道直接触及消费者，在运营的时候更容易创作出精美的图片和生动的产品故事以内容来打动消费者，更加重视产品质量、个性化购物等消费者体验等特点，随着互联网技术进步、社交媒体发展，以及全球产业链的成熟营运而生的 DTC 模式，将逐渐成为跨境电商领域发展的新趋势。

第二节　DTC 品牌出海的发展历程和路径选择

DTC 品牌出海实际上意味着中国企业品牌国际化观念的觉醒。谷歌携手凯度（KANTAR）正式发布的 2022 "BrandZ 中国全球化品牌 50 强" 榜单（见表 2-1）显示，该 50 强的总体品牌力在过去的一年内增长了 6%。品牌力是一项衡量品牌拉动市场份额增长能力的指标。目前，中国品牌仍有潜力在全球市场扩大市场份额并提升品牌价值。

表 2-1　2022BrandZ 中国全球化品牌 50 强

排名	品牌	品牌力	排名	品牌	品牌力
1	字节跳动	2484	26	TP-LINK	445
2	阿里巴巴	2258	27	比亚迪	422
3	联想	1898	28	37 互娱	421
4	小米	1859	29	IGG	420
5	华为	1674	30	滴滴	399
6	OPPO	1349	31	长城汽车	395
7	海信	1241	32	奇瑞汽车	391
8	一加	1124	33	点点互动	386
9	海尔	1098	34	网易	382
10	SHEIN	1070	35	吉利汽车	366
11	vivo	975	36	创智优品（Zenjoy）	365
12	安克	912	37	美的	357
13	腾讯	847	38	IM30	351
14	青岛啤酒	740	39	昆仑万维	348
15	中国国际航空公司	725	40	江淮汽车	335
16	Fun Plus	714	41	麦吉太文	334
17	大疆	626	42	工商银行	327
18	TCL	614	43	快手	325
19	科沃斯	565	44	京东	317
20	米哈游	512	45	威克士（WORX）	313
21	中国东方航空	500	46	傲基科技（AUKEY）	312

续表

排名	品牌	品牌力	排名	品牌	品牌力
22	中兴	493	47	正浩（ECOFLOW）	312
23	莉莉丝游戏	477	48	兰亭集势	312
24	中国银行	459	49	乐歌（FlexiSpot）	297
25	荣耀	456	50	真我（real me）	294

（资料来源：https://mp.weixin.qq.com/s?__biz=MzUxMTk2NTk0OA==&mid=2247506639&idx=1&sn=b812932b6d1ba48314818c39d8726f46&chksm=f969355cce1ebc4a9bd8c608bcd08978ead874098f1fd5e454ade81b015af98830266f7b9e61&scene=27）

一、DTC 品牌出海的发展历程

品牌国际化是某一品牌从区域品牌转变为全球品牌，在海外向目标顾客展示积极形象并使该品牌在国际范围内拥有一定影响力并建立企业品牌资产的行为过程。在经济全球化且市场竞争空前激烈的时期，企业为了占有更大的市场份额，最好的方式就是走出国门，走向世界。从国际品牌的国际化经营实践来看，品牌国际化是企业国际化经营和发展的高级阶段，跨国企业之间的竞争必然包含了品牌的竞争，而这种竞争的本质就是多个区域性品牌的优胜劣汰，赢得竞争的，便成为国际品牌。

实施品牌国际化的企业，需要在全球范围内整合资源、实施研发设计、生产制造以及销售，在此基础上以品牌名称和品牌标志进入这些实施全球化运作的国家和地区，并不断传播、渗透和创建品牌形象。这样不仅有利于品牌形象的建设，而且对我国企业乃至国家经济的可持续发展都具有积极的意义。为了拥有全球性品牌这种无形资产和核心竞争力，跨国经营企业经过长期不断地尝试打拼和努力探究，摸索出了行之有效的 DTC 品牌出海模式。此过程大致分为以下几个阶段。

（一）品牌出海意识的觉醒

20 世纪 80 年代，改革开放的春风吹遍神州大地，外贸管理体制的改革让越来越多的中国企业迈出了向海外扩张的步伐。大多数企业依靠当时的人口红利，采用 OEM（Original Equipment Manufacturer，代工生产）方式积累资本、提升生产能力，将中国产品出口到海外。一时间，出口贸易大幅增长，"中国制造"享誉全球。此时，外贸企业只是将产品出口到了海外，而对应的产品标识和企业形象并没有出现在全球市场中。即便是在原有代工生产过程中实现了技术突破，通过借鉴学习国外核心技术或在原有加工制造经验中积累了技术创新能力，外贸企业实现了从 OEM 到 ODM（Original Design Manufacturer，代工设计）的转化，参与了产品研发设计环节，国际市场对中国出口产品也只有价格低廉、质量一般的印象，更谈不上对中国品牌的认知。

  本来是自己生产的产品，品质可靠、工艺出众，却只能贴上别国的品牌给他人作嫁衣。鉴于此，中国企业开始意识到仅仅为外国厂商做代理加工是没有发展前途的，品牌越来越成为企业参与市场竞争的标志，拥有国际知名品牌是一个国家、一个民族经济崛起的象征。2008 年至 2012 年，中国出口产品类别从传统的低端制造业向消费电子、汽车、快消品等领域开始转型。外贸企业在经营过程中积累了一定的海外知名度，通过学习提升了企业的品牌建设管理能力，逐步向自主品牌制造转化，以树立品牌在全球消费者心目中的形象。随着中国人口红利逐渐下降，低端产品制造业的利润空间被压缩，各国产品趋于同质化，市场竞争日益激烈。中国企业更加充分地意识到出海进程中品牌的重要性以及品牌溢价所能产生的利润空间，而从 OEM 到 ODM，再到 OBM（Original Brand Manufacturer，代工厂经营自有品牌）的发展路径有利于企业由代工生产向微笑曲线两端延伸，获得高附加值。

（二）DTC 品牌出海红利期

  2012 年以来，移动互联网开始进入人们的生活，世界各地消费者的消费习惯逐渐发生改变，对新产品的认知度、品牌的接受度与容忍度越来越高。因此，中国企业认为该阶段是品牌出海的最佳时机，有实力的外贸商家纷纷迈开了"走出去"的步伐。此时正值国内跨境电商发展初期，大部分外贸企业选择了线上品牌出海这种新兴渠道，而且采用的是自建系统和网站模式，进行粗放式运营。由于这一时期出海企业数量相对较少，所以享受到了竞争小、货源好、流量成本低等红利，企业自营独立站模式在主流市场上发展势头强劲，直面消费者的 DTC 品牌也以此为依托在全球范围内不断壮大起来。

拥有领先的电子商务环境和社交媒体环境的美国，是 DTC 品牌模式的发源地。堪称 DTC 品牌鼻祖的 Warby Parker 问世于 2010 年，David Gilboa、Neil Blumenthal、Jeffrey Raider 和 Andrew Hunt 利用沃顿商学院的创业孵化计划拿到 2500 美元启动资金联合创立了该公司。公司的总部位于纽约，专注于近视眼镜和太阳镜的设计和直销，以北美为主要市场。创立之初，Warby Parker 仅通过自己的官方网站销售眼镜。通过剔除批发商、零售商等中间环节，直面终端消费者传播品牌和销售产品，以至能以每副低于 100 美元的价格销售验光眼镜。得益于消费者的热捧和资本的关注，在此时期美国先后涌现出了 Casper、Glossier 等 DTC 品牌独角兽。一时间，以沃顿商学院为先锋，DTC 创业热潮席卷全美。

（三）DTC 品牌出海蛰伏期

eBay 是最早进入国内的第三方跨境电商平台，但是因为当时各方面条件的不成熟，入驻的多为上海卖家，并没有在全国范围内形成气候。随着 2012 年政策的逐步放开，跨境电商行业的发展渐入佳境。同年，亚马逊全球开店项目启动。2014 年 7 月，海关总署印发的《关于跨境贸易电子商务进出境货物、物品有关监管事宜的公告》和《关于增列海关监管方式代码的公告》，即业内熟知的"56 号"和"57 号"文件接连出台，从政策层面上承认了跨境电子商务，中国正式进入跨境电商的爆发和快速增长期。

这一时期，独立站的早期红利逐渐消退，大量传统外贸公司、制造企业和本土品牌供货商蓄势待发，积极投身跨境电商市场。而以 eBay、亚马逊、速卖通、敦煌网等为代表的第三方跨境电商平台发展迅速、规模空前、大肆冲量、强势崛起，给有志出海的企业提供了更为便利的海外经营渠道。2015 年，亚马逊平台中国卖家数量上涨 13 倍。众多经营 DTC 品牌的独立站在激烈的竞争中倒下，跨境电商企业向第三方跨境电商平台提供的"轻出海"模式转型。坚守 DTC 品牌的企业开始转向垂直细分领域，沉稳蛰伏起来。此时，第三方平台成为企业出海首选模式。

自 2015 年起，国务院分四批设立 59 个跨境电商综试区，商务部会同各部门和各地方，探索建立起以"六体系两平台"为核心的政策体系，面向全国复制推广了12方面36项成熟经验和创新做法，推动跨境电商规模持续快速增长。2019年，我国跨境电商零售进出口额达到了1862.1亿元人民币，是2015年的5倍，年均增速49.5%。[1]

（四）DTC 品牌出海爆发期

2019年底，新冠疫情暴发，改变了世界消费模式和需求，全球消费趋势从线下走向线上。众多品牌纷纷关闭门店，线下销售遭受到了毁灭性的打击，消费者行为也被迫产生了一系列改变，线上购物需求大增，场景化消费势头强劲，细分市场差异化日益明显。

2020年，谷歌公司旗下 YouTube 宣布已经关闭大量 ID 来自中国的账号。2021年，大批中国卖家在亚马逊史无前例的大规模"封店潮"中遭受重创。跨境电商企业在众多头部第三方跨境电商平台政策收紧、运营规定日益严苛以适应疫情"新常态"的大环境下，深感掣肘，纷纷逆势突围，转型走出平台，开始经营独立站，蛰伏已久的 DTC 模式再次成为行业关注的焦点。不仅联合利华、宝洁等巨头纷纷收购或孵化 DTC 品牌，Nike 和 Adidas 也一前一后启动了品牌 DTC 战略。拥有百年历史的法国个人护理公司欧莱雅，正在被宣称"逃离亚马逊"构筑于社媒和直接面向消费者之上的美国流行美妆 DTC 品牌 Glossier 蚕食着大量的销售份额。同期，国内一些新锐品牌也开始借助 DTC 模式崛起，并得到了越来越多消费者的认可，且众多传统品牌也纷纷开始寻求 DTC 转型。另外，以 Shopify 为代表的独立站建站平台快速成长，带动了 DTC 独立站的差异化发展，大批跨境电商卖家蜂拥入局，并开始进入资本的视野。Anker 上市，斯达领科、奥鹏等站群大卖家融资不断，独立站重现繁荣。

市场研究机构 Insider Intelligence 数据显示，2022年全球64%的消费者直接从品牌方购买商品，较2019年提高了15%。可见，在疫情起伏与数字化生活飞速

1　数据来源：商务部，2019年我国跨境电商零售进出口额达1862.1亿元人民币，人民政协网（rmzxb.com.cn）

发展叠加的当下，通过 DTC 品牌出海，建立更有韧性和国际辨识度的品牌，成为外贸企业在日益激烈的竞争中追逐更高市场份额的必经之路，更是对其产品、服务及其所创造的价值能否在市场全球化中被更广泛地区的消费者所接纳的一种考验。经历了 2021 年的大洗牌，跨境电商行业集体反思，政策红利接连释放，中国供应链能力大幅提升，出海服务生态化集结，品牌出海正式拉开大幕，DTC 品牌成为行业最热风口。

二、DTC 品牌出海的路径选择——独立站

（一）品牌资产

由于经济的发展和人们价值观念的改变，消费者越来越注重产品和服务的品质，越来越追求品牌。企业之间的竞争也随之更多地表现为品牌的竞争，锻造核心能力，打造知名、强势、持久的品牌成为行业竞争的利器，是企业追求卓越的过程，也是跻身世界一流的需要。

品牌是一个以消费者为中心的概念，它能给消费者带来超越其功能的附加价值，也只有品牌才能产生这种市场效益。因此，在 20 世纪 80 年代，品牌资产（Brand Equity）的概念一经提出，便成为当时营销学界最为流行、最为重要、最为关注的话题。人们认识到，品牌是具有实际价值的，而消费者和商家对于某品牌的偏好所产生的品牌经济价值是品牌收益持续增长的重要原因。被美国《品牌周刊》誉为"品牌资产鼻祖"的 Prophet Brand Strategy 咨询公司副总裁、美国加州大学佰克利分校哈斯商学院营销学名誉教授、世界品牌管理大师戴维·阿克在《管理品牌资产》中将品牌资产定义为与品牌名称和标志相联系、能够增加或减少公司所销售产品或服务的价值的一系列品牌资产和负债。阿克认为，品牌资产之所以有价值并能为企业创造巨大的利润，是因为它具备在消费者心中产生广泛而显著的知名度、良好且与预期一致的产品知觉质量、强有力且正面的品牌联想（关联性）以及稳定忠诚消费者（顾客）这四个核心特征。换而言之，品牌知名度（Brand Awareness）、品牌认知度（Perceived Brand Quality）、品牌联想（Brand Association）以及品牌忠诚度

（Brand Loyalty）是品牌资产价值构成的重要来源，再加上品牌的其他专有权（如商标、专利、渠道关系等），共同构成了品牌资产的五要素（见图2-1），每个层面都可以通过多种方式为企业和消费者创造价值。

图 2-1 品牌资产的构成

20世纪90年代风靡整个西方营销界的"品牌资产"概念，更进一步地说明了品牌竞争制胜的武器是建立起强势的品牌资产，从而将古老的品牌思想推向了新的高峰。

作为品牌资产主体部分的品牌核心价值，是一种象征，能让消费者明确、清晰地识别并记住品牌的利益点与个性，也是促使消费者认同、喜欢乃至爱上一个品牌、满足消费者情感需求的主要力量。所以品牌的核心价值应该具有高度的差异化和鲜明的个性，具备超强的包容力和扩张力，能够触动消费者的内心世界以致达成共鸣（见图2-2）。由此，应该意识到，品牌核心价值可以通过影响并改变消费者的认知和选择，来吸引并抢占目标消费群体。所以，在品牌的传播过程中，品牌核心价值应保持始终如一，点滴的累积营销传播活动的成果，从而为品牌传播做加法，加深消费者对品牌的识别与记忆联想，以较低的成本提升销量，利于品牌拥有者获得较高的溢价。

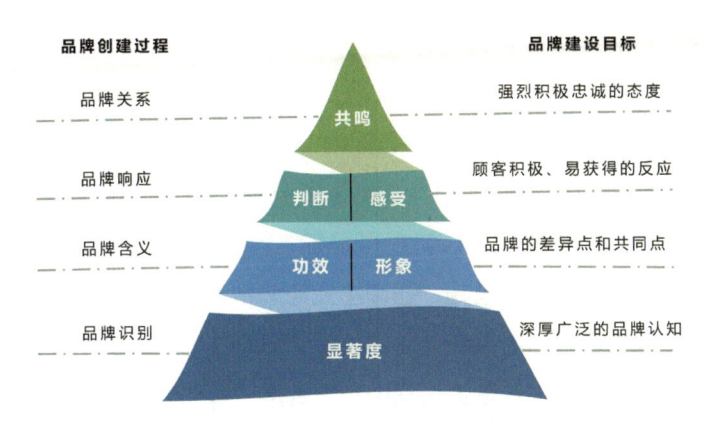

图 2-2 基于顾客的品牌资产金字塔

至此，认为消费者只是产品或服务的接受者，而企业才是产品或服务价值的创造者这一传统观念已经被打破，消费者在价值创造过程中地位与角色的发展变化，引发了专家学者的广泛关注。

（二）价值共创——DTC 品牌出海"牵手"独立站

哥本哈根商学院客座教授、哈佛大学访问学者理查德·诺曼和法国尖商学院管理学与人力资源学教授拉菲尔·拉米雷兹最早在《从价值链到价值星系：设计互动战略》一文中提出了"价值星系"的概念，他们认为，一个成功的企业，战略分析的重心，并非只界定某种特定产业或企业，而是必须聚焦于创造价值的系统（the Value-creating System）本身。在系统内不同的经济行为主体——供应商、商业伙伴、同盟者、顾客等一起工作，共同创造价值。通过"成员组合"方式进行角色与关系的重塑，经由新的角色，以新的协同关系再创价值（Reinvest Value）。诺曼和拉米雷兹主张，以互联网为"促成技术"（Enabling Technology）进行知识交流，厂商与顾客的关系重新组合（Reconfiguration），与供应商、合作者、战略联盟、竞争对手、员工、顾客等共同创造价值（Together to Co-produce Value），各产业成员组成共创价值、共享成果，如星系四周密布网状价值链的价值星系。这就形成了横向、纵向交织的"网状形态的、全社会各行各业的价值链交织在一起的更为复杂的价值星系。企业不能够再被简单地理解为传统的线性结构价值链，而是陷入了一种结构更为复杂的、包含多个产业的价值星系"[1]。思科、戴尔、耐克、宜家等，都已走在了创建价值星系的前列。

在"价值星系"观念的影响下，学者 Prahalad 和 Ramaswamy 关注消费者对企业价值主张的协同效应，于 2000 年提出了基于客户体验的价值共创理论，对"价值共创"（Value Co-Creation）作出了明确的界定。价值共创是指企业协助消费者共同构建和参与生产及服务过程，强调企业与消费者在互动中共同创造价值。它阐释了企业应该在关注消费者消费体验的同时，以个体为中心，用互动的方式共同创造价值。换句话说，公司在营销管理中，需着重了解如何帮助消费者从公司的产品或者服务中获得更多的价值，优先考虑与消费者进行互动，让消费者有良好的消费体验，从而提高对公司产品和服务的满意度，进一步促进产品销售，提高品牌商誉。价值共创概念的提出，给企业价值创造活动带来了创新点，尤其是通过畅通与消费者之间的联系与反馈机制，来有效改善企业传统的价值创造活动。

由于互联网技术的发展，价值共创发展为以消费者对品牌的情感利益为联系纽带，突破了传统社区意义上地理区域界限的品牌社区（Brand Community）领域。其间，价值共创往往是由企业发起消费者参与，对企业品牌产品的开发、生产、销售、售后等各个环节发表自己的看法，积极参与企业生产销售各个环节的全过程。可见，品牌价值共创的核心是互动，不但包括企业与共创主体消费者之间的互动，也涉及不同的消费者之间的互动，而且这种互动是动态的、不断进行的。

【相关链接】

"家，因你而生"引领睿智生活新主张

每年9月1日是宜家新财年的起始，今日宜家大连商场举行以"家，因你而生"（Make Home Happen）为主题的2023财年发布会，分享过去三年在"未来+"本土发展战略指引下，所取得的商业转型成就的同时，发布针对中国市场的长期本土化品牌定位"家，因你而生"，

1　Normann Richard and Rafael Ramirez. From Value Chain to Value Constellation: Designing Interactive Strategy[J]. Harvard Business Review，1993，71（7/8）.

宜家期待与中国消费者一起共创，实现"睿智生活新主张"，为家、社会和我们所在的地球创造价值。

据宜家中国区域总经理迟言女士介绍，2019年，为顺应中国市场领先的数字化趋势以及消费者随之改变的消费期待和行为偏好，宜家推出本土化发展战略"未来+"，聚焦渠道拓展、数字化体验和家居生活服务专家三大领域，推动公司转型，以更好地服务中国市场和消费者。随着2022财年落下帷幕，宜家中国的"未来+"战略也圆满收官。

三年间，包括新冠疫情在内的多种不确定因素持续影响全球经济，宜家同样身处其中。面对外部环境所带来的众多挑战，宜家中国仍然信守了战略发布之初所做的承诺，在三个关键领域持续发力和兑现了投资100亿元人民币的战略承诺，并实现了一系列里程碑式的成就。

2023财年，宜家计划投资53亿元人民币，持续巩固并拓展渠道和数字化领域；通过更具相关性的产品及解决方案，助力中国消费者打造理想家居生活；通过提升全渠道融合体验，为中国消费者提供易触达的、充满灵感并贴近其消费习惯的便捷体验。

中国市场正在前所未有的高速发展中，家也是一直发生变化的空间，在宣布"未来+"战略圆满收官之际，宜家中国还基于其对中国市场和消费者的洞察，推出了针对中国市场的又一项新举措——全新的本土化品牌定位"家，因你而生"。

宜家在中国的发展旅程将走入第25个年头，25年的陪伴和共创，让宜家对中国的社会、文化以及由此而产生的家居需求有了深刻的了解。每年，宜家都会走进中国消费者的家庭，倾听他们家居生活的重要时刻，并从他们对家居生活的需求和梦想中汲取灵感。伴随着日新月异、不断变化的环境以及人们对美好生活和家的意义的重新思考，宜家发现了中国消费者对家和美好生活的新定义，宜家称之为"睿智生活新主张"。据宜家大连商场经理王斌介绍，宜家大连商场已经基于中国家庭这些最新的居家主张和梦想，完成了商场家居展间、产品展示和顾客体验的全面升级，准备好与大连消费者一起共创属于每一个大连家庭的美好生活。

2023财年，宜家大连商场也将迎来它第14个生日。宜家的愿景是为大众创造更美好的日常生活。宜家近9000种产品和充满灵感的解决方案为本地消费者带来了便捷的家居生活体验。各种耳熟能详的宜家经典产品住进了大连的千家万户，满足了大连老百姓的生活需求。2023财年将有2500余款新品和13个限量版产品系列，以及67款宜家美食陆续在宜家大连商场呈现。这些新品在产品设计方面鼓励消费者积极行动，探索生活的放松平衡、规整有序、欢欣节庆、充沛活力与无尽可能。同时，宜家也时刻关注当下变化，为家居爱好者打造限量收藏款，创造家居时尚潮流。

（资料来源：https://business.sohu.com/a/589367957_120288376）

如果说品牌是生产者和消费者共同的追求，是供给和需求结构升级的方向，是企业乃至国家综合竞争力的重要体现，那么加强品牌建设，目标之一就是尽可能地丰富、深化与消费者之间建立起来的长期、直接的互动关系，进一步增强每个消费群体的忠诚度，实现品牌价值共创。而这些，正是DTC品牌的理念表达，也是在DTC模式下运营品牌建设的优势所在。

然而，在世界市场的维度下，面对政策迥然的经营环境和喜好各异的消费者，如何延续，甚至更好地践行DTC理念呢？DTC品牌在其出海奋斗旅程中进行着不断的尝试与摸索。独立自主束缚少、商品溢价空间大、数据及流量安全可控、有利于塑造企业品牌形象的独立站，因其比第三方跨境电商平台更容易实现跨境卖家与各国消费者的直接互动，且具备更好的价值共创条件，而获得广泛青睐，成为DTC品牌出海持续快速发展的优质驱动力。

【相关链接】

出海，品牌为先

2017年，当高端女装品牌J.ING于洛杉矶推出时，创始人曾静秋面临两个选择——选择线上还是线下渠道、选择第三方平台合作还是建立独立官网？

曾静秋很快决定短期先做线上渠道，但在第二个问题上，她需要多方权衡。

当时，几乎所有品牌在中国市场都选择与强势的第三方平台进行合作，照搬中国模式似乎更为取巧，但曾静秋却"舍易求难"，选择了从零开始独立建站。

核心原因有三个：

第一，在美国市场，用户对于自营网站的包容性与接受度更强；

第二，在数据沉淀、用户沉淀、品牌沉淀上，自建官网比第三方平台更有利；

第三，J.ING的目标用户是千禧一代（Millennials）与Z世代（Centennials），对于这些出生于1982年以后的青年来说，想要把产品卖出去，不只需要产品好，而且要让目标客户认可品牌的价值观，官网能够成为品牌和消费者连接的桥梁。

这些考量都基于一个大前提——J.ING将品牌建设置于和产品、运营、销售同等重要的位置上。

"决定做品牌是一件很有挑战性的事情，不是说有产品就自然形成品牌，品牌是价值信仰，要持续传递信息给消费者，我们首先要找到自己的目标受众，然后不断去思考，他们想要看到什么内容？他们所需要的产品是什么？他们跟品牌价值观的联系在哪里？"在"Think with Google"峰会上，曾静秋如此表示。

与消费者的深度沟通，以及品牌价值观的深刻联结，在风险时刻成为改变J.ING的关键变量。新冠疫情暴发期间，大多数女装企业遭遇断崖式下跌，而J.ING则基于对消费者需求转变的分析，仅用1个月零10天就完成了瑜伽产品线的研发与推出，又在一个半月内迅速跟进以蕾丝面料为重点的时尚居家系列。这两个创新产品线为女性用户居家隔离时期提供了更美好的体验，进而推动了产品的强劲销售。

像J.ING这样从创办之初就具有与生俱来全球化基因的企业，正在成为中国电商出海的中坚力量。

（资料来源：https://baijiahao.baidu.com/s?id=1673691058035857585&wfr=spider&for=pc）

第三章 DTC品牌独立站出海运营分析

沉寂多年的独立站一改颓势，一跃成为当前跨境电商行业的新宠儿，外贸企业家们纷纷摩拳擦掌地在这一领域抢占先机。此番景象，一方面是源于全球主流跨境电商平台之一的亚马逊收紧平台规则，进行了大规模的"封店"，跨境卖家人人自危；另一方面，是因为独立站建站成本不断降低，生态配套设施日趋完善，俨然成为平台卖家"出逃"的避风港。零售电商行业专家、百联咨询创始人庄帅指出，跨境电商规避依赖第三方平台风险的方式之一就是自行建立独立站，依托 Facebook、Twitter、snap、Google 等流量平台做DTC品牌业务。一时间，如何做好独立站 DTC 品牌出海运营便成为业内关注的热点话题。

第一节 DTC 品牌出海运营理论基础

众所周知，实践是理论的基础，而理论又会反作用于实践。科学的理论对实践具有积极的指导作用。在不断的尝试探索中，独立站 DTC 品牌经营者通过实践，强调了以下几个值得关注的理论。

一、STP 理论

STP 理论中的 S 是英文单词 Segmentation 的缩写，T 是英文单词 Targeting 的缩写，P 是英文单词 Positioning 的缩写，STP 即市场细分、目标市场和市场定位的意思。STP 理论是美国营销大师菲利普·科特勒在进一步发展和完善温德尔·史密斯市场细分（Market Segmentation）概念的基础上提出的，是指企业在一定的市场细分的基础上，确定自己的目标市场，最后把产品或服务定位在目标市场中的确定位置上，它是战略营销的核心内容。

STP 理论的根本要义在于选择确定目标消费者或客户，所以也被称为市场定位理论。根据 STP 理论，市场是一个集合多层次、多元化消费需求的综合体，任何企业都无法满足客户所有的需求，企业应该根据不同需求、购买力等因素把市场分为由相似需求构成的消费群，即若干子市场，这就是市场细分。企业可以根据自身战略和产品情况从子市场中选取有一定规模和发展前景，并且符合公司目标和能力的细分市场作为公司的目标市场。随后，将产品定位在目标消费者所偏好的位置上，并通过一系列营销活动向目标消费群体传达这一定位信息，让他们注意到品牌，并感知到这就是他们所需要的。

在 STP 理论的指导下，DTC 品牌在海外运营时尤其需要注意研究归纳他国消费者的需求、行为和消费习惯等方面的特点，并据此做好市场细分，将有共性的消费者分别集中在一起，再结合企业的产品和服务的特点，挑选出合适的消费人群作为目标市场，有针对性地制定营销策略，有利于企业人力资源、资金的集中投入和利益最大化。对于 DTC 品牌而言，通过独立站便于直接对接目标市场的消费者，以其需要为基础，开发和创造出符合市场定位的特色商品，再利用该消费群体的心态来进行定向营销，以赢得市场竞争优势。

二、二八定律和长尾理论

二八定律和长尾理论看似对立的两个概念，在 DTC 品牌出海运营中却能在不同的领域分工协作。

（一）二八定律

19 世纪末 20 世纪初，意大利统计学家、经济学家维尔弗雷多·帕累托从大量具体的事实中发现：社会上 20% 的人占有 80% 的社会财富，财富在人口中的分配是不平均的。由此他指出：在任何特定群体中，重要的因子通常只占少数，而不重要的因子则占多数，因此只要能控制具有重要性的少数因子即能控制全局。这就是著名的"二八定律"的理论来源，又称为帕累托法则、80/20 法则、关键少数法则、最省力法则等。同时，人们还发现生活中存在许多不平衡的现象。因此，二八定律成了这种不平等关系的简称，不管结果是不是恰好为 80% 和 20%（从统计学上来说，精确的 80% 和 20% 出现的概率很小）。

在市场营销与客户关系管理层面，也公认存在着二八定律，即 80% 的销售额来自 20% 的客户。IMG 集团总裁约克·麦克马特曾说："与 20% 的客户做 80% 的生意。也就是把 80% 的时间和工作集中起来，用来熟悉占总数 20% 的对自己最重要的那部分客户。"这无疑是在提醒销售人员要学会把二八定律运用到与客户交往中，不应该将自己的时间和销售精力平摊在每一位客户身上，而应该充分关注数量虽少但作用重大的客户，将有限的销售资源充分应用在刀刃上，以取得事半功倍的效果。

花旗银行最初到中国拓展业务时，提出的一项规定，冲击了我国人民一直以来所认为的钱存到银行就可以收取一定利息的传统认知。花旗银行表明，如果储户在银行的存款不足一定金额时，花旗银行将按照有关规定收取一定的费用。有了这项规定，只要到银行存款就能获得利息开始显得不是那么天经地义了。金融人士都知道，当储户的储蓄金额过少的时候，银行不但不能有效利用该存款流通获利，反而需要承担一定的风险。由此看来，收取低存款储户的费用是有一定合理性的。不久，各大银行纷纷效仿，各地的储户也逐渐习惯了新规。其实花旗银行这项规定，并非为了降低运营上的风险，因为毕竟小储户带来的金融风险对银行来说并不高。其真正的意图是建立一个有效的数据库统计系统，用以区分大客户和普通客户，并据此有针对性地实施客户关系管理方案。

可见，花旗银行的这项措施，回答了如何判断哪些客户为企业创造了较多利润需要重点关注，哪些客户不必投入大量精力的问题。DTC 品牌在海外发展的过程中，需要通过独立站搜集到客户的一手资料并进行有效的分析，对每个客户进行分类，科学地划分目标群体，有目的性地进行商业活动，尽可能精准地将这个"二"沉淀到私有流量池，为 80% 的企业盈利提供保障。

（二）长尾理论

2004 年，美国《连线》杂志的主编克里斯·安德森发表了一篇名为《长尾》(*The Long Tail*) 的文章，首次提出了长尾理论。安德森通过自己对互联网经济的发展趋势和社会文化潮流变化的研判发现，传统经济学认定的利基市场并不是可有可无的。在互联网背景下，在新文化影响下，那些被二八定律抛弃的众多利基市场通过引导，就有可能重新成为一个主流的大市场。所以，长尾市场也被称为利基市场。"利基"一词是英文"niche"的音译，有拾遗补阙或见缝插针的意思。营销大师菲利普·科特勒在《营销管理》中将利基定义为更窄地确定某些群体，这是一个小市场并且它的需要没有被服务好，或者说"有获取利益的基础"。根据长尾理论，互联网时代为在线产品提供了无限的存储空间和便捷的流通渠道，之前销量不佳的冷门产品（利基产品）都因能找到其对应的顾客而重获新生，而其组合起来的份额可与热卖品份额相当甚至更多。所以，人们要更关注位于需求曲线尾端的小批量、多品种的个性化、差异化产品，而那些标准化、大众化的热门产品的重要性会逐渐降低。安德森甚至断言，商业的未来属于利基市场。"长尾"实际上是统计学中幂律（Power Laws）

和帕累托分布（Pareto distributions）特征的一个口语化表达。2005年，长尾理论（见图 3-1）这一新经济学理论被美国《商业周刊》评为"2005 年度最佳概念"，被誉为互联网时代最伟大的经济学理论新发现。

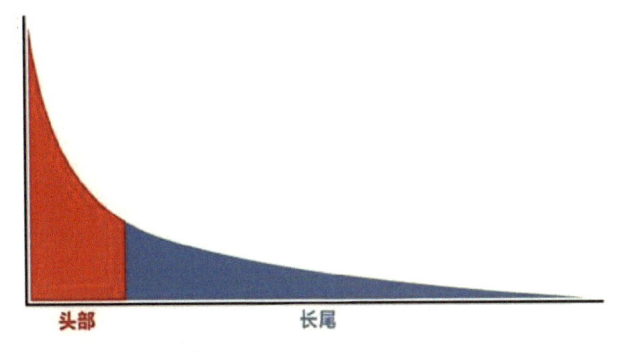

图 3-1 长尾理论示意图

DTC 品牌为了能与世界各地消费者直接互动，获得一手数据，并对消费者需求作出迅速反应，加快产品的更新迭代，赢得更多消费者的青睐和信任，尤其会重视社交媒体的引流作用，而红人营销、直播带货便是当前的热门模式。

网络红人可以根据粉丝量大致划分为 Mega、Macro、Micro 三个等级。Mega 是拥有 100 万 + 粉丝的头部红人，流量特别大；Macro 是指粉丝在 10 万—100 万人的中腰部网红，流量中等；Micro 的粉丝量大概在 1000—20000 人，流量较少。对应到长尾理论，Mega 红人即为头部，Macro 红人和 Micro 红人就是长尾了。通常情况下，DTC 品牌方应该首选头部网红来进行合作，但大多被其高额的价格吓退，转而选择长尾网红。红人营销专家 KIMEKO MCCOY 发表文章称，越来越多的 DTC 品牌发现了长尾红人独特的营销价值，并围绕着此类红人制定营销战略。根据大部分的 DTC 品牌反馈，在实际操作中，使用长尾红人有更高的性价比。Macro 红人流量居中，虽然也需要收费，但价格显著低于 Mega 红人，且更重视内容的质量，配合度也较高；Micro 红人流量虽少，但更愿意花时间跟粉丝互动，ROI（Return of Investment，投资回报率）也会比较高，价格方面自然更低，甚至接近免费。显然，众多 Macro 红人和 Micro 红人的粉丝量加在一起未必就比头部网红少，而且单个长尾红人的粉丝量有限，单一领域兴趣的受众浓度不容易被稀释，其营销内容在垂直领域的针对性更强，更具有触达圈层的影响力。

自 2016 年成立以来，一直与低量级长尾网络红人合作的 DTC 品牌 Spotlight Oral Care 联合创始人克里文在一封电子邮件中表示："我们发现，低量级长尾红人更适合进行实际转化和建立长期合作伙伴关系，因为长期的合作，我们已经在世界市场上建立起了品牌知名度。"

三、CIS

CI 是 "Corporate Identity" 的缩写，意为企业形象识别，是通过打造良好企业形象，形成个性化品牌的一种营销理念。CIS 的英文全称是 "Corporate Identity System"，即企业形象识别系统，它是品牌化运作首先必须知道的理论之一，是指企业有意识、有计划地将自己的企业或品牌特征向社会公众主动展示与传播，使公众在市场环境中对某一个特定的企业或品牌有一个标准化、差异化的印象和认知，以便更好地识别并留下良好的印象，从而提升企业的经济效益和社会价值。

20 世纪 50 年代起，以 IBM 公司为代表的美国企业开始把企业形象作为崭新而具体的经营要素。为了研究企业形象塑造的具体方法，确立了一个新的研究领域，称为企业识别，简称 CI。而由这个领域规划出来的设计系统，则称为企业识别系统，简称 CIS。CIS 包括三个方面，即企业的理念识别 MI（Mind Identity）、行为识别 BI（Behavior Identity）和视觉识别 VI（Visual Identity），见图 3-2。

图 3-2　企业识别系统 CIS

其中，企业理念识别是指企业在长期生产经营过程中所形成的共同认可和遵守的价值准则和文化观念，以及由此所决定的企业经营方向、经营思想和经营战略目标。企业行为识别是企业理念的行为表现，包括在理念指导下的企业员工对内和对外的各种行为，以及企业的各种生产经营行为。企业视觉识别是企业理念的视觉化，通过企业形象广告、标识、商标、品牌、产品包装、企业内部环境布局和厂容厂貌等媒体及方式向大众表现、传达企业理念。可见，在 CIS 理论体系中，MI 是核心，它为公司的发展指明了方向，而 VI 和 BI 都是为传达企业理念、树立企业形象服务的。

品牌形象作为企业形象的重要组成部分，是企业形象建立的物质基础。在市场中，顾客并不会直接去接触企业，企业与消费者需要通过品牌来进行沟通和联系。企业产品的品质、性能、包装设计、品牌服务等方面能让消费者更加全面地了解企业形象，而具有良好形象的品牌则更容易吸引顾客的关注，得到顾客的喜爱，获得顾客的忠诚。从 DTC 品牌以独立站模式出海的初衷来看，收获顾客忠诚、打造私域流量池正是它们所需要的。

如果选择第三方跨境电商平台出海，DTC 品牌很容易淹没在众多企业和品牌的大战之中，不利于 CIS 的建立，而独立站则能很好地打造、凸显和传递单一企业品牌的独特气质。高辨识度的 CIS 能让消费者一下子就记住，是抢占客户心智的有效手段。独立站 DTC 品牌在海外打造优势 CIS 的过程中，一定要正确理解 CIS 的底层逻辑，有效结合 MI、VI 和 BI，运用整体传达系统让企业经营理念与精神文化接触消费者，使其与企业、品牌产生共鸣和价值认同。同时，结合现代设计观念与企业管理理论的整体运作，刻画企业个性，塑造企业优良形象，让品牌深入人心。

四、创造顾客理论和交易成本理论

醉心于引流的独立站 DTC 品牌运营者时常在考虑一个问题：顾客是可以创造出来的吗？

【相关链接】

顾客是如何通过企业经营创造的？

西尔斯（Sears）公司，全称是西尔斯·罗巴克（Sears and Roebuck）公司。西尔斯和罗巴克，是公司两个创始人的名字。它是一家美国著名的连锁百货公司。在德鲁克著书的时代，西尔斯是一家非常成功的公司。德鲁克说，从19世纪末以来，没有一家美国公司，甚至包括通用汽车公司，能像西尔斯公司那样实现持续而稳定的成长。

西尔斯公司创建于1886年，理查德·W.西尔斯是其主要创始人。公司最初从事邮购销售业务，后来销售被法院罚没的商品，以及城市滞销商品等。它的基本经营模式是，大量买进亏本销售的商品，然后通过邮购广告把商品销售出去。在德鲁克看来，西尔斯的这些做法只能说是商业投机行为，称不上是企业经营行为。

西尔斯公司虽然因西尔斯而得名，但真正把"西尔斯"这个招牌发扬光大的却是朱利叶斯·罗森沃尔德和罗伯特·E.伍德。朱利叶斯·罗森沃尔德是芝加哥的一位服装商人，而罗伯特·E.伍德则是一个退役将军。西尔斯公司是如何开展经营的呢？

西尔斯公司把广大农民定位为自己的目标顾客。在当时，美国的广大农民近乎与世隔绝，并且常常被商家忽略。西尔斯认为，这个市场不但不能小觑，而且潜力无穷。他们提出："我们的职责是成为美国农民以及将来的美国中产阶级消息灵通并且负责任的采购商（It's our function to be the informed and responsible buyer for the American farmer, and later on for the American middle class.）。"

为达成这一使命，西尔斯在以下五个领域采取了开创性的举措。

第一，制订采购计划。要不断寻找和拓展供货渠道，以提供农民所需的特殊商品。这些特殊商品，数量要充足，质量要可靠，价格也要合理。

第二，制作邮购指南。这份购物指南，必须定期出版，所做宣传不能夸大其词。只有这样，才能赢得农民信任，并给农民带来方便。

第三，改变销售政策。当时流行的销售政策是"商品售出，概不退换，请买主多加小心"。

西尔斯公司提出"无条件退款",消除购物者的后顾之忧。

第四,创新作业流程。建立邮售工厂、储运体系,及时、高效地处理客户订单。据说,正是借鉴西尔斯的邮售工厂,福特公司才创造出汽车流水线生产方式。

第五,调整人员及组织。依据经营策略,招募人员,组建采购与定制队伍、宣传策划队伍、订单处理队伍等。

经过罗森沃尔德等人的努力,整个西尔斯就像一架运行良好的机器,紧紧围绕着公司选择的目标顾客高速运行。即使在大萧条时期和两次世界大战期间,西尔斯也没有停止增长的脚步。

这一系列指向特定目标的行为,就叫经营。用时下非常流行的词汇表达,就是经营方式或商业模式。反之,时时以销售为导向,处处以利润为目标,不能叫经营。在德鲁克看来,利润最大化,并不能反映经营的本质。

在此基础上,德鲁克提出了一个非常著名的观点:关于经营的目的有且只有一个有效的说法,那就是创造顾客(There is only one valid definition of business purpose: to create a customer.)。

(资料来源:https://baijiahao.baidu.com/s?id=1721276871652907451&wfr=spider&for=pc)

管理大师彼得·德鲁克在其1954年首次出版的经典著作《管理的实践》中指出,企业的目的必须是超越企业本身、存在于企业自身之外的,因为企业是社会的一分子,所以企业的目的必须存在于社会之中。关于企业的目的,只有一个正确而有效的定义——创造顾客。在书中,德鲁克非常鲜明地提出了自己的观点:企业的宗旨有且只有一个适当的定义,那就是创造顾客(There is only one valid definition of business purpose: to create a customer)。满足顾客的需要,就是每个企业的宗旨和使命(To satisfy the customer is the mission and purpose of every business.)。企业生产什么不重要,顾客购买什么、顾客看重什么才更重要。顾客决定了一家企业是什么样的企业,也正是为了满足顾客的需要,社会才把创造财富的资源托付给企业。

所以,企业着眼于长远发展,有效地开发和利用各种资源,向消费者提供优质产品和服务，尽可能地满足消费者的要求，是可以"创造顾客"的。关于如何创造顾客，德鲁克给出的方法和路径是：由于企业的目的是创造顾客，任何企业都有两个基本功能，而且也只有这两个基本功能——营销和创新。很显然，德鲁克认为营销这个直接接触顾客的功能，必定是创造顾客的方法；至于创新，这个至今都是"万能"的存在。

改进咨询联合创始人丁晖和顾立民根据企业业务发展三个阶段的不同特点，给出了相应的创造顾客的路径建议，见表3-1。

表3-1 创造顾客的三阶段路径

业务发展阶段	基本特征	需求状态	创造顾客的路径
起步期	行业需求刚刚起步，客户对该业务不太熟悉	无法判断是否需要的"尝试"状态	以"性价比"的方式来获得顾客
发展期	行业需求快速发展，客户对该业务的了解越来越全面	目标明确下的"追求完美"状态	以"满意度"的方式来获得顾客
成熟期	老客户占据绝大多数份额，大家越来越专业且理性，需求也更加地综合化、细分化	理性引导下的"标新立异"需求	以"差异化"的方式来获得顾客

可见，企业创造顾客的办法，就是想方设法寻找人群需求并提供满足人群需求的解决方案，从而建立一种交易关系，来创造自己的顾客。既然要建立交易关系，那么交易成本也是需要考虑的重点。

诺贝尔经济学奖得主罗纳德·哈里·科斯在对新古典经济学进行反思的基础上，于1937年提出了交易成本理论（Transaction Cost Theory）。他指出利用价格机制是有成本的，其中最显著的就是发现相关价格的成本，这个成本其实就是交易成本。交易成本理论由此逐步形成。由于交易成本泛指所有为促成交易发生而形成的成本，因此很难进行明确的界定与列举，不同的交易往往就涉及不同种类的交易成本。1975年，交易成本理论的集大成者奥利弗·威廉姆森，通过研究丰富完善了科斯的交易成本理论。他交易成本分为以下几项。

搜寻成本：商品信息与交易对象信息的搜集。

信息成本：取得交易对象信息与和交易对象进行信息交换所需的成本。

议价成本：针对契约、价格、品质讨价还价的成本。

决策成本：进行相关决策与签订契约所需的内部成本。

监督成本：监督交易对象是否依照契约内容进行交易的成本，如追踪产品、监督、验货等。

违约成本：违约时所需付出的事后成本。

同时，威廉姆森也指出，交易成本发生的原因，来自人性因素与交易环境因素交互影响下产生的市场失灵现象所造成的交易困难。具体来源可总结如下。

第一，有限理性（Bounded Rationality）：指参与交易进行的人，因为身心、智能、情绪等限制，在追求效益最大化时所产生的限制约束。

第二，投机主义（Opportunism）：指参与交易进行的各方，为寻求自我利益而采取欺诈的手法，增加了彼此的不信任与怀疑，因而导致了交易过程监督成本的增加和经济效率的降低。

第三，不确定性与复杂性（Uncertainty and Complexity）：由于环境因素中充满不可预期性和各种变化，交易双方均将未来的不确定性及复杂性纳入契约中，使得交易过程增加了不少订立契约时的议价成本，并使交易困难度上升。

第四，少数交易（Small Numbers）：某些交易过程过于专属性（Proprietary），或因为异质（Idiosyncratic）信息与资源无法流通，使得交易对象减少，造成市场被少数人把持的现象，使得市场运作失灵。

第五，信息不对称（Information Asymmetric）：因为环境的不确定性和自利行为产生的机会主义，交易双方往往握有不同程度的信息，使得市场的先占者（First Mover）拥有较多的有利信息而获益，并形成少数交易。

第六，气氛（Atmosphere）：指交易双方若互不信任，且又处于对立立场，无法营造一个令人满意的交易氛围，将使得交易过程过于重视形式，徒增不必要的交易困难及成本。

对于凭借独立站模式出海的 DTC 品牌而言，选择"独立站"和"DTC"都是以近距离接触消费者为初衷，努力通过发现需求、挖掘需求和创造需求来创造顾客，同时重视交易成本的体现。好的运营渠道和模式对零售终端和消费者的吸引力是很强的，可以减少零售终端和消费者购买的选择成本以及其他搜寻成本等。营销大师菲利普·科特勒曾提到，企业的营销行为不仅仅要做到满足消费者的需求和欲望，更要符合消费者自身和社会的长远利益。当用户从价值观上认同某个品牌的产品，且产品本身的功能性被身份认同和价值输出进一步强化的时候，人们所购买的就不仅仅是产品本身了，而是连同产品一起轻而易举地购买到了被社会某一群体认同的价值观和自我认同，从而降低了从购买意愿到购买行为发生之间的交易成本。

可见，正确而深入地理解创造顾客理论和交易成本理论，能将独立站DTC品牌运营者从流量焦虑中释放出来，使其笃定地投入到如何创造顾客、实现高效引流、降低获客成本和交易成本的实际方案制定中去，踏实而有信心地走向国际市场。

第二节 DTC 品牌独立站出海运营 SWOT 分析

一、SWOT 分析法

SWOT 分析法，也称为道斯矩阵或态势分析法，于 20 世纪 80 年代初，由美国旧金山大学国际管理和行为科学教授教授海因茨·韦里克提出，经常被用于企业战略制定、竞争对手分析等场合。SWOT 是表达企业的 Strengths（优势）、Weaknesses（劣势）、Opportunities（机会）和 Threats（威胁）各单词首字母的组合。由此可见，SWOT 分析实际上是对企业内外部条件各方面内容进行综合和概括，进而分析组织的优劣势、面临的机会和威胁的一种方法（见图 3-3）。

图 3-3 SWOT 分析示意图

内部条件分析主要涉及优势与劣势（Strengths and Weaknesses）。优势主要包括有利的竞争态势、充足的财政来源、良好的企业形象、技术力量、规模经济、产品质量、市场份额、成本优势、广告攻势等。劣势主要包括设备老化、管理混乱、缺少关键技术、研究开发落后、资金短缺、经营不善、产品积压、竞争力差等。由于企业是一个整体，而且竞争性优势来源十分广泛，所以在进行优劣势分析时，必须从整个价值链的每个环节上将企业与竞争对手进行详细的对比。如产品是否新颖，制造工艺是否复杂，销售渠道是否畅通，以及价格是否具有竞争性等。需要注意的是，衡量一个企业及其产品是否具有竞争优势，应该站在现有潜在用户角度上，而不是站在企业的角度上。企业在维持竞争优势的过程中，必须深刻认识自身的资源和能力，采取适当的维稳措施。

外部条件分析也称为环境分析，主要涉及机会与威胁（Opportunities and Threats）。机会主要包括新产品、新市场、新需求、外国市场壁垒解除、竞争对手的失误等。威胁主要包括新的竞争对手、替代产品增多、市场紧缩、行业政策变化、经济衰退、客户偏好改变、突发事件等。随着经济、科技等诸多方面的迅速发展，特别是世界经济全球化、一体化过程的加快，以及全球信息网络的建立和消费需求的多样化，企业所处的环境更为开放和动荡。这种变化几乎对所有行业、企业都产生了深刻的影响。正因如此，环境分析日益成为一种重要的企业职能。环境发展趋势分为两大类：一类是环境威胁，另一类则是环境机会。当环境中存在一种由不利的发展趋势所形成的挑战，如果不采取果断的战略行为，这种不利趋势将导致公司的竞争地位受到削弱，是为环境威胁。而环境机会就是对公司经营行为富有吸引力的领域，在这一领域中，该公司具有竞争优势。

将分析对象的内部条件 SW 和外部条件 OT 梳理列明之后，可以从中找出对自己有利的、值得发扬的因素，以及对自己不利的、要避开的东西，发现存在的问题，找出解决办法，并明确以后的发展方向。在此基础上，还可以进一步将问题按时间点和重要性进行分类，把握节点和关键事物，分析战略上的障碍和战术上的问题，逐一列举研究对象，搭建矩阵结构（见图 3-4），利用系统分析方法，把各种因素综合分析，总结出具有一定决策性的结论，有利于领导者和管理者作出较正确的决策和规划。

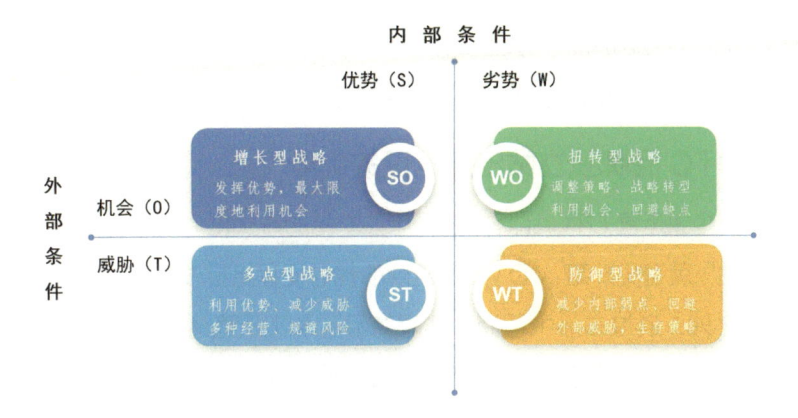

```
                          内 部 条 件
                   优势（S）        劣势（W）

              ┌─────────────────┐  ┌─────────────────┐
              │  增长型战略   SO │  │ WO  扭转型战略  │
       机会(O)│ 发挥优势，最大限 │  │ 调整策略，战略转型│
  外         │ 度地利用机会     │  │ 利用机会，回避缺点│
  部         └─────────────────┘  └─────────────────┘
  条
  件          ┌─────────────────┐  ┌─────────────────┐
              │  多点型战略   ST │  │ WT  防御型战略  │
       威胁(T)│ 利用优势，减少威胁│  │ 减少内部弱点，回避│
              │ 多种经营，规避风险│  │ 外部威胁，生存策略│
              └─────────────────┘  └─────────────────┘
```

图 3-4 SWOT 分析矩阵

可见，与其他分析方法相比较，SWOT 分析从一开始就具有显著的结构化和系统性特征。就结构化而言，首先在内容上，SWOT 分析法的主要理论基础也强调从结构分析入手对企业的外部环境和内部资源进行分析。其次，在形式上，SWOT 分析法表现为构造 SWOT 结构矩阵，并对矩阵的不同区域赋予了不同分析意义。就系统性而言，SWOT 分析是一种资源学派观点，通过将公司内部分析与产业竞争环境的外部分析结合起来，形成了结构化的平衡系统分析体系，帮助行业、企业、部门或个人清晰地把握内、外部环境与资源，进行风险识别和战略规划。通过 SWOT 分析，企业可以把资源和行动聚集在自己的强项和有最多机会的地方，使自身的发展战略变得明朗。

二、DTC 品牌独立站出海运营的优劣势及机会与挑战分析

2021 年，跨境平台卖家的利润受全球供应链的中断以及材料、汇率、广告费等因素的影响，被严重蚕食，仅三成的中国品牌出海卖家实现了营收增长。当时，雨果跨境一篇《中国品牌出海模式洞察及趋势情况报告》作出预测：我国跨境电商行业进入了低利润期，如果不能打破当前出海模式，跨境商家的品牌出海之路将难以前进。果然，一时间，跨境 DTC 品牌呈现爆发之势，成为当前跨境电商行业发展的历史拐点。如果说，在 2020 年"品牌出海"还仅仅只是一个可选项，那于 2022 年，

全行业都见证了企业出海的"求生属性"。有数据表明，DTC品牌独立站市场规模现已占据海外电商近四成的份额，尽显燎原之势。

（一）DTC品牌独立站出海运营的优势

跨境电商企业运营DTC品牌并选择用独立站的方式出海，其优势仅从"DTC"联手"独立站"就可见一斑。DTC最直观的优势便是将批发商和零售商排除在了经营销售过程之外，通过去除中间商，实现商品"从工厂直达消费者"，减少了商品流通的中间环节，让消费者享受到了更加实惠的价格。但是，正如前文所分析的，DTC品牌模式最能撼动传统商业的地方应该是能让企业直接把控用户感受，收集购物者信息和反馈，并借助对这些数据的分析，制定出一系列能为消费者提供超预期购物体验的办法。通过双方的紧密互动和有效沟通，打造良好的品牌形象和维系稳定的消费者关系。而独立站则是落实和放大这些优势的强大助攻力量。如前所述，"独立"是独立站的本质所在，跨境电商企业自己全权运营，自主权高，站内一切都可以按需自行制定，以充分体现商家风格、发挥自家商品特色和储备优势。客户进入独立站后，看到的只会是商家自己的产品，没有了入驻第三方跨境电商平台时所面临的流量竞争、横向比价，独立站卖家的定价更为自由，具有较大的溢价空间。流量一旦进入独立站，跨境卖家就能将这些数据完全掌控在自己手中，打造自己的私域流量池。不仅能对客户数据、行为数据、交易数据等各种数据进行安全控制，而且能够实现数据的二次开发和管理，与消费者建立起有效的情感链接，通过精细化再营销，让其产生对品牌的感知、兴趣和价值认同，不断累积—激活—沉淀—转化—复购，从而源源不断地发掘数据价值以实现有效增值。

如果从潜在用户的角度来看，DTC品牌独立站出海运营可以为之提供更为理想的购物体验，从而使其获得更高的消费价值（Consumer Value）。

消费价值是指顾客拥有和使用某一产品所获得的价值与取得该产品的成本二者间的差额。顾客在选择产品时，会比较各产品的消费价值，并首选能够提供给他们最大消费价值的产品。1991年，希斯、纽曼和格罗斯提出了消费价值构成论，确认了影响消费者选择行为的五种价值，并认为价值是其选择行为的主要驱动因素。这五种消费价值分别为功能价值、社会价值、情感价值、认知价值和条件价值（见图3-5）。

图 3-5 Sheth-Newman-Gross 消费价值模型

随后，营销大师菲利普·科特勒在《营销管理》一书中提出顾客让渡价值（Customer Delivered Value）的概念，对消费价值做了进一步的解读。他认为，顾客让渡价值是顾客总价值（Total Customer Value）与顾客总成本（Total Customer Cost）之间的差额，是指企业转移的，顾客感受得到的实际价值。其中顾客总价值是顾客期望从某一特定产品或服务中获得的一组利益，包括产品价值、服务价值、人员价值和形象价值四个方面；顾客总成本则是顾客在评价、获取和使用产品或服务过程中的总体付出，包括经济成本、时间成本、精力成本和心理成本四个方面（见图3-6）。顾客购买产品时，总是希望在将总成本降到最低限度的同时从中获得更多的实际利益，以使自己的需要得到最大限度的满足，即顾客让渡价值最大的产品往往是其优先选购的对象。可见，增加顾客让渡价值，可以提高顾客满意程度，进而推进客户忠诚度。

图 3-6 顾客让渡价值构成

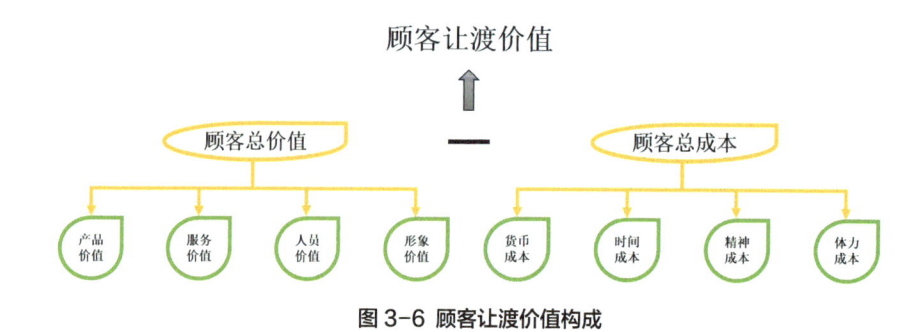

需要明确的是，顾客通常无法正确地或客观地判断产品的价值和成本，他们大多是凭借感知价值（Customer Perceived Value）来做抉择的。顾客感知价值是顾客所能感知到的利益与其在获取产品或服务时所付出的成本进行权衡后对产品或服务效用的总体评价。它体现的是顾客对企业提供的产品或服务所具有的价值的主观认知，有别于产品和服务的客观价值。而消费者的购物体验则是影响顾客感知价值的重要因素。

Ajax 之父 Jesse James Garrett 大师在《用户体验要素》一书中提出了用户体验的五层模型。他认为用户体验所包含的五个要素可以用五层模型来体现，即表现层、框架层、结构层、范围层和战略层（如图 3-7）。

图 3-7 用户体验五层模型

表现层也称为感知层，这是用户通过五官感知得出的对产品、对企业的第一印象。消费者进入 DTC 品牌独立站之后，看到的、听到的、感受到的将是企业按照自身战略需求所进行的设计，理念突出、主题明确、风格统一、色彩协调、产品精美、功能完善。一旦契合了消费者的需求和审美，其将得到感官和心理的极大满足，品牌形象也将深入人心。

框架层主要体现的是角色范畴，从跨境电商企业层面来说是产品的概念模型、独立站的网页链接跳转逻辑和功能设定，而在消费者层面则是认识产品和使用网站与卖家交互的路径。独立站为了有效实现 DTC 品牌的核心理念，大多结构扁平、布局合理、功能丰富且导航明显，消费者使用起来非常得心应手，有效节约了其认知和搜寻的时间和精力成本。

结构层也称资源结构层，主要包括信息架构与交互设计，主旨在于为客户呈现合理且有意义的信息，并调动各方资源响应消费者请求。在 DTC 品牌独立站，一切都是围绕客户服务展开的，消费者的声音可以被听到、被重视、被回应，能充分体会到客户至上的待遇。DTC 独立站的绝大多数决策，都是根据消费者的实际反馈来决定的，基于用户需求做出的决策，自然会更符合大众消费者的需求，优化购物体验。

范围层也称能力圈层，它可以体现企业的实力和竞争力，也就是为顾客解决问题的能力。现有需求和问题能在多大程度上得到满足，将直接影响消费者的情绪。人是感性的，一旦有了情绪，人就会有行为，情绪能触发消费者的行为。在独立站中，面对时刻关注自己需求和情感变化并能予以有效回应的 DTC 品牌，消费者会感到愉悦。有了开心的购物体验，消费者便能牢牢记住该品牌。

战略层主要包括用户需求和产品目标。这是一个战略定位的问题，由于个人属性的千差万别，想要用户购物体验良好，一定是基于某类固定需求的目标用户群体展开的。在 DTC 品牌独立站，目标市场的消费者或被精美的图片、生动的产品故事以及符合其价值观、消费心态和需求的产品所打动，从而对企业尽心打造的品牌形象和社会价值产生认同和共鸣，自身的存在感得到满足，形成持续依赖。

可见，对于 DTC 品牌而言，通过独立站便于直接对接目标市场的消费者，以其需要为基础，开发和创造出符合市场定位的特色商品，再利用该消费群体的心态来进行定向营销，从多个层面为之提供更为理想的购物体验，使其能够通过购买行为获得更高的消费价值。这便是 DTC 品牌独立站出海运营能赢得市场竞争的优势所在。

（二）DTC 品牌独立站出海运营的劣势

如果说平台电商是开创者，那么 DTC 品牌无疑是颠覆者。但是客观而言，繁荣之下，一些海外的 DTC 品牌先行者却出现增长放缓的情况。比如，2021 年 11 月，床垫品牌 Casper 以 3.08 亿美元卖身退市，眼镜品牌 Warby Parker 也出现亏损势头。与此同时，扎堆转型 DTC 品牌独立站出海的跨境卖家，迅速获得成功者也是屈指可数。诚然，造成这种现象的原因很多，但是其中 DTC 品牌独立站出海运营的先天不足必须得到重视。

首先需要直面的当属流量困境。在经历"封号潮"、库容压缩捶打后，独立站成为越来越多亚马逊卖家们的救命稻草，但是不可否认的是，亚马逊在客流量上占据着无可比拟的优势，逃离了亚马逊，也就意味着放弃了几乎占全球电商市场 40% 的流量供应。从此，如何获得客户的青睐便成为 DTC 品牌独立站卖家的一道必答题。正如前文中所提到的，引流、存留、转化这三个必要环节是独立站运营的基本逻辑所在。可见，经营独立站的一个首要工作环节就是引流，流量是独立站的生命之源，而独立站建立之初，其本身是没有流量的。这就需要卖家通过多种不同的渠道和方式搜寻目标流量，精准地将潜在消费群体吸引到独立站中。而且，以往独立站卖家通过站群打法，复制大量的网站搏运气，只要跑出一个爆款网站，就能收获大批用户，轻松引流实现短期回报的做法，在 DTC 品牌理念下已经被批判，因为复制网站质量差、产品"货不对板"的现象，会让这批客户又快速流失，长此以往，便会失去客户对品牌的信任，得不偿失。

其次，DTC 品牌独立站出海需要"单打独斗"的实力。DTC 品牌和独立站的核心理念都是直接接触消费者，这种"独立"一方面给了经营者充分的自主和自由；另一方面也决定了在大多数情况下不能寻求"外援"。所以，DTC 品牌独立站的竞争壁垒是相当高的，因为并不是每一家公司都具备产品研发的能力、品牌故事的承载能力，以及服务可满足客户极致需求的能力等。换句话说，DTC 品牌独立站出海卖家，在运营能力、产品能力、营销能力、品牌能力、物流能力、数据能力、财务能力、组织能力、服务能力等各方面都需要具备独当一面的实力。也就是 DTC 品牌不管是在产品优势、科技研发、内容制作、渠道运营、数据整合，还是流量聚合等环节，都需要找准自己的强势点，不断修炼"内功"。例如，在数据采集和挖掘层面，第三方跨境电商平台大多都会提供类似"数据智囊"（敦煌网）、"生意参谋"（速卖通）、"数据报告"（亚马逊）等功能模块，帮助平台卖家在一定程度上进行采集数据和分析挖掘，而 DTC 品牌独立站则需要自己来采集数据，分析网站页面的跳出率、转化率、跳失率等。通过数据赋能，提升用户触感的灵敏度，以便更好地促进用户数据赋能以后的用户功能的改变。当然，实力强大本身不是劣势，但在追求不断强大的路上，未免会有高处不胜寒的悲壮。

最后需要提到的是销售渠道单一的问题。有调查数据显示：有效运用多渠道营销策略的公司的客户留存率高达 89%，且客户的终身价值（LTV）比单一渠道销售的竞品高出 30%。既然选择了独立站经营，DTC 品牌就要面对销售渠道相对单一的问题。如果有限的销售渠道还存在效率低下的问题，那就更难以和多渠道销售抗衡了。相比全渠道销售可以在高峰时期缓解产品无法及时交付到顾客手中的尴尬，DTC 品牌独立站出海运营对及时、高效的跨境运输和令人满意的全程客户服务有着更强的依赖。

【相关链接】

床垫巨头 Casper 之殇

创立于 2014 年的 Casper 是较早营销"可装入纸箱的床垫"概念的 DTC 床垫品牌。2020 年在纽交所挂牌上市，2022 年被收购。

以下是 2019—2022 年 Casper 股价与市值的变化：

2019 年，最高股价涨至 17-19 美元，估值 11 亿美元。

2020 年，股价降至 12-13 美元，市值 5.75 亿美元。

2021 年，股价跌至 3.18 美元，市值仅剩 1.47 亿美元。

2022 年初，以每股 6.90 美元的价格被收购，市值约为 2.86 亿美元。

失败原因 1：高客单价 & 低复购率

Casper 从创立初期的定位就不是"平民床垫"，床垫款式相对较少，定价在 500—1000 美元不等。

Casper 的用户通常每 9 到 10 年会更换一次新床垫。这意味着，2014 年创立的 Casper 需要到 2023 年才能知道确切的用户使用周期。

虽然 Casper 为用户提供了 100 天免费试用期及无责任退货退款的"零成本体验"，但退换的床垫不会再进行二次销售，而是直接捐给当地慈善机构，因此 Casper 需要负担高昂的退货成本。

客单价高、复购率低、退货成本高，这些因素直接缩短了 Casper 的客户生命周期，然而 Casper 失败的原因远不止这一点。

失败原因 2：线上广告成本过高

2017-2018 年，Casper 将其毛利率的近 80% 用于广告。Casper 的平均获客成本为 275—300 美元，算上广告成本，Casper 每卖出一张床垫就会损失 200-300 美元。这种情况很极端，因为 Casper 获取新客的成本是维持现有客户成本的 5 倍！

高投入≠高转化率；

更多的流量≠更多的转化；

无利可图的转化只会扼杀品牌生命力。

失败原因 3：分销渠道逆流

2018 年，Casper 与线下零售商合作开通全渠道销售体系。2019—2020 年，Casper 的线下零售额同比增长 74%，线上销售额同比增长 20%。

对于一直痛斥传统线下零售的 Casper 来说，线下增长超过了线上增长，意味着 Casper 要投入更多的实体门店管理与运营成本，这对大多数 DTC 品牌来说并不是好事。

（资料来源：https://zhuanlan.zhihu.com/p/530170726?utm_id=0）

（三）DTC 品牌独立站出海运营面临的机遇

近几年一直被业内称为是 DTC 品牌独立站出海的最佳时期，越来越多的 DTC 品牌已经扬帆起航。Totem 报告显示，接近一半的 DTC 品牌销售收入数据呈现出逆势上升的态势。更有调查研究显示，超过八成的消费者愿意直接从品牌方购买产品。

其一，因为新冠疫情的影响，海外市场上电商渗透率迅速攀升。相关研究显示：受新冠疫情影响，美国的电商渗透率迅速提升，在短短两个月内完成了10年的增长。全球知名市场研究机构 e-marketer 的报告也反映了美国电商市场的发展趋势——在2020年5月，家具和家居的零售电子商务销售份额高达30%；而在2020年6月，家居、家具或电器的网上购买量也从2020年2月的17%增长至27%。此外，Statista 网站2021年发布的数据表明，2020年全年，全球电子商务销售总额达到4.29万亿美元，较2019年增长了24.1%。可见，后疫情时期，跨境电商的市场份额和交易额都逆势增长，迎来一个新的发展阶段。

其二，DTC 品牌独立站出海开始享有政策和资本红利。2020年11月由包括中国、日本、韩国、澳大利亚、新西兰和东盟十国在内的共15方成员正式签署了《区域全面经济伙伴关系协定》（Regional Comprehensive Economic Partnership），简称为"RCEP"。该协定生效后，区域内90%以上的货物贸易将最终实现零关税、企业享受优惠税率的门槛将降低，海关通过手续将得以简化，再加上协定中的区域累积原产地规则，以及提升区域内知识产权整体保护水平等，对 DTC 品牌企业跨境贸易而言都是利好。2021年7月出台的《关于加快发展外贸新业态新模式的意见》，明确提出要"鼓励外贸企业自建独立站，支持专业建站平台优化提升服务能力"，真心实意地为 DTC 品牌独立站出海保驾护航。在政策一片大好的时期，风险资金永远是市场上最敏锐的群体，一旦发现行业机会便会果断下注。第三方机构网经社电子商务研究中心发布的《2021年（上）中国跨境电商市场数据报告》显示，2021年上半年国内跨境电商共发生29起融资，同比上涨222%。TIJN（海湾趋势）是厦门的一家跨境电商公司，成立于2014年，主要从事海外市场的眼镜、墨镜线上销售。TIJN 成立之初是以亚马逊平台切入欧美市场的。2016年 TIJN 从亚马逊转型成立了自己的品牌独立站——TIJN Eyewear，逐步从平台卖家往 DTC 品牌化的身份转变，并获得了坚果资本的 A 轮融资。业内熟知的消费电子配件品牌 Anker，起初在亚马逊平台上销售自主研发的智能配件，随着其自建电商独立站的完善，自2017年起独立站营收占总体营收比重逐年攀升，并于2020年8月在创业板上市，市值最高达到800亿元人民币。据不完全统计，2021年有18

家中国出海品牌成为资本家的宠儿,包括 PatPat、Cider、CUPSHE、Lilysilk、Newme 等跨境 DTC 品牌,主要涉及服装、家具、家电、汽配等细分领域。其中最引人注目的,是累计获得七轮融资的 DTC 童装品牌 PatPat,在 D 轮完成了 5.1 亿美元融资,据称这是当时国内跨境电商行业已披露的最大单笔融资记录。很显然,这几个案例只是跨境独立站赛道投融资的缩影,却足以表明资本对于 DTC 品牌独立站赛道的青睐。

其三,DTC 品牌独立站模式迎合了"Z 世代"的消费理念。"Z 世代"是一个网络热词,特指 1995 年至 2009 年出生的一代人,即通常提到的"95 后"和"00 后"。他们是互联网原住民,一出生就与网络信息时代无缝对接,深受数字信息技术、即时通信设备、智能手机等产品的影响。诚然,全球数字化的发展速度在新冠疫情的刺激下不断加快,但真正影响全球数字化发展趋势和方向的,却是逐步踏上工作岗位,在未来的 5 到 10 年内成为全球消费主力的"Z 世代"。互联网作为"Z 世代"与生俱来的生活的一部分,使得其生活方式与前人相比,发生了颠覆性的变化。原消费主力看重的是产品的价格、质量、性价比,而"Z 世代"因为拥有更为独立的人格和主观判断,所以更看重对品牌理念的认同和情感维系,注重产品的差异化和消费体验。DTC 品牌模式以消费者为中心,强化品牌理念、产品设计和用户感受,把消费者的喜好数据直接反馈给跨境电商企业,使之能够更好地在后疫情时期把握住消费者市场的主脉搏。

其四,DTC 品牌独立站运营生态日趋完善。过去,对于中小卖家和平台转型的卖家而言,运营独立站最担心的问题在于操作技巧和引流推广。而如今,独立站已不再是"烧钱、烧脑、只适合跨境老手"的代名词。随着海内外跨境电商基础设施的逐步完善,以及众多独立站建站 SaaS 服务商的入场,DTC 企业出海的技术门槛与试错成本大幅降低,搭建品牌独立站变得与入驻第三方跨境电商平台一样简单,运营操作也更易上手,使得一直跃跃欲试的中小卖家也可以放心建站出海。同时,Google、Facebook、Twitter、TikTok 等头部海外媒体的兴起,为 DTC 品牌独立站运营提供了全球社交、直播、短视频等新流量的加持,跨境 DTC 品牌的营销生态愈发成熟,独立站的引流获客也更为便捷。Digital 数据显示,2021 年全球范围内社交媒体用户的数量已经达到 42 亿，相当于世界总人口的 53%。而这些庞大的用户群体已逐步习惯了被社交媒体"种草"，甚至直接下单购物。在未来全球网络零售市场不断扩容的背景下，独立站为 DTC 品牌出海开辟了新航线。中国 DTC 出海燎原之势已然形成，在全球市场角逐中，具有更加自主、更高水平竞争优势的 DTC 模式能够帮助跨境企业穿越长经济周期的迷雾，在跨境出口的道路上走得更加稳健。

（四）DTC 品牌独立站出海运营面临的挑战

机遇和挑战是一个硬币对立而又统一的两面，机遇中往往也蕴含着挑战。

首先，"Z 世代"偏爱玩转"新奇特"、追求品牌价值观共鸣、购物依赖社交媒体且重视消费体验的特点对 DTC 品牌独立站运营提出了更高的要求。"Z 世代"乐于接受新生事物，有调查数据显示，82% 的"Z 世代"乐于尝试带来新玩法的商品。"Z 世代"对前卫的时尚感、精致的仪式感情有独钟，"能显著提升消费乐趣的仪式感"以 40.7% 的比例位居"Z 世代"喜好的产品要素排行榜首位。据国内专业移动应用数据分析平台 Data.ai 调查，目前世界人口的三分之一都是所谓的"Z 世代"人。作为全球消费力量的主力军，"Z 世代"看重品牌传递出的价值观和个性化体验，更有55% 的"Z 世代"会选择环保和对社会负责任的品牌。伴随互联网时代成长起来的"Z 世代"也是使用社媒最多的一代人。根据 Creatopy 的一项调查，近 90% 的美国 Z 世代每天在社交媒体上花费的时间超过 1 小时，而超过 3 小时的"Z 世代"人数则接近一半。2022 年 Simplicity DX 的黑五报告显示，绝大部分（93%）受访者都将社交媒体作为购买过程的一部分；半数（51%）受访者认为社交媒体是了解新产品的好地方；五分之一（22%）的受访者认为社媒是购买新产品的绝佳场所。而同时，面向市场营销人员的"客户忠诚度"平台提供商 Crowd Twist 的一项调查发现：如果企业在 45 秒内没有接听电话，"Z 世代"挂断电话的可能性比其他任何一代人高出 60%。21 世纪经济研究院也曾做过相关问卷调查，结果表明：46.3% 的"Z 世代"认为"全面、周到、可触达的服务"是购物过程中不可缺少的一环，这一条件紧随性价比和个性化之后，居于影响购物决策因素排名的第三位。可见，作为"Z 世代"消费者"宠儿"的独立站，如果缺乏具有"灵魂"的高质量产品、与"Z 世代"

价值观吻合的品牌形象、丰富而活跃的社媒渠道、快速有效的客户响应机制以及细致而完善的客户服务，将很难获得引领未来新经济、新文化、新消费潮流的"Z世代"客户群体的长久青睐。

其次，社媒营销和红人推广价格的上涨推高了 DTC 品牌独立站出海运营的成本。海外地区存在着各色社交媒体平台，包括 Facebook、Instagram、Twitter、TikTok 等，其中日活跃用户量超过 10 亿的 Facebook 一直是 DTC 品牌独立站卖家赖以引流的主要渠道。前几年独立站卖家在投放 Facebook 广告时是较为随意的，基本上就是拿钱砸订单，一个流量只需要几毛钱，也砸得起，但如今显然是行不通了。2022 年以后，大部分独立站卖家都感受到了 CPC（Cost Per Click，按点击付费）广告成本一再攀升所造成的压力。有统计数据显示，2022 年 1 月，Facebook 的 CPC 平均成本约为 0.948 美元，该价格比亚马逊的平均 CPC 广告成本高出了 44%。业内人士都知道，亚马逊 CPC 虽然贵，但是效果非常好，因为每一个流量背后，都是持币下单的消费者。而如今，Facebook 的点击成本竟然超过了亚马逊。据某海外 DTC 品牌营销人员称：过去两年，在 Facebook 做广告的成本基本上翻了一番到三倍，触达 1000 人的成本已从 6 美元飙升至 18 美元。再看被跨境卖家视为触达海外用户最佳渠道之一红人推广（Key Opinion Leader，简称 KOL），它因精准度高、粉丝接受度高，整体转化率相当可观。然而，随着海外红人体系的逐渐发展，各级红人的营销报价也一路水涨船高。Instagram 是鼻祖网红网站，如今在全球已拥有 11.6 亿用户，此数据还在不断攀升。据北美最大的独立数字绩效营销公司 Tinuiti 调查，70% 的购物爱好者习惯于依靠 Instagram 来发现新品牌，80% 的用户都能带来业务。在这个高效的红人推广渠道中，每 1000 位粉丝的平均价格已达十多美元。有些本身名气很大的重量级人物，还可以自行提高价格。例如，C 罗、Kim Kardashian 和 Ariana Grande 这样的一线明星发布一条 Instagram 广告帖的费用已高达数百万美元。

如果说高额的引流投入能够大幅提升广告转化率倒也可行，但是让独立站卖家感到为难的是，买流量的钱增加了，广告效果却并不理想。再加上诸如苹果 iOS 隐私新政对获取用户数据加以限制之类的外界不利因素的阻碍，DTC 品牌卖家无法对广告效果进行有效优化，花更多钱买来流量却很有可能得到更差的结果。在获客成本不断攀升的情况下，没有真正差异化的产品，很难维持顾客与品牌的持续关系，只能不断砸钱"买流量"，最终导致营收越高亏损越严重。

第三，精准匹配目标市场需求，DTC 品牌独立站必须要落实出海本地化运营。本地化对独立站能否成功转化客户起着至关重要的作用，它是 DTC 品牌独立站出海运营制胜的关键。相关研究显示，40% 的人不会从其他语言的网站上购买产品。大多数人会优先选择自己熟悉的购物环境，而本地化运营实际上就是根据目标市场的消费习惯，来改善用户体验，以提高用户消费满意程度，所以，同是外来的情况下，能够提供本地化体验的品牌会更容易获得消费者的认可。然而，本地化并不能一蹴而就，它不但涉及 DTC 品牌独立站出海运营的方方面面，包括网站设计本地化、运营人员本地化、推广形式本地化、支付方式本地化、海外仓设置等，更是一个在细节上需要长期优化的过程。虽然说社交电商正在全球范围内广泛兴起，活跃用户遍及世界各国，各种文化实现了友好碰撞交流，但简单地把一个国家成功的社交电商策略带到其他国家市场，往往是行不通的。比如中国的直播带货电商模式复制到海外的过程中，就出现了"难以落地""水土不服"的情况。毕竟海外消费者对直播带货并没有充分的认知，心智培养程度还不够，而且国家间政策和文化造成的差异，有可能会导致商家和品牌因对当地市场状况估计错误而选品失败、无法精准捕捉流量。此外，物流配送环节如何在地广人稀的国外市场实现供应链的本地化，对 DTC 品牌独立站运营者而言也是一个巨大的挑战。

【相关链接】

没有"砍一刀"

9 月 1 日 Temu 平台上线以来，据下过单的消费者反映，体验还较为顺滑。

Temu 也为用户提供了不少优惠策略，比如首单可享 20% 的折扣，又比如订单满 49 美元即免运费，用户的第一个退货订单也可免费退货。

此前的招商简介中，关于仓配情况有这样一段描述：中心仓分拣、空运直发海外、时效在 7-12 天。且据 Temu 平台所称，在购买之日起 45 天内退货，收到退货包裹后 7

天内处理退款，退款最多可能需要 14 天记入原始付款方式。

有业内人士反映称，如果物流和退货安排都能按计划做到的话，还算比较合理。

尽管此前据称拼多多出海将聚焦中产阶级，但从目前的定价情况来看，还主要是低价路线。据虎嗅观察，不到 1 美元的项链、戒指并不少见，而且有一个 0.99 美元起的专区。

"拼多多选择这个时机出海，可能是看中了欧美消费降级的趋势。"某资深跨境电商人士对虎嗅说。

在多位业内人士与虎嗅交流的过程中，都提到欧美消费市场今年以来略显疲软的光景。

"他们也要开始捂紧钱袋子了。"华南区资深跨境电商从业者王向向说。不仅线上消费如此，线下商超、门店等渠道也开始遭到了冲击。

不过，国人熟悉的"砍一刀"模式并没有在拼多多出海平台上出现。业内人士认为这是一个明智的做法，据他们描述，欧美人非常注重隐私和社交距离，这种方式可能会引起大量投诉。

在许多业内人士看来，拼多多出海若走低价路线考验将会很多。

一是能否可持续。SHEIN 虽然低价，但可盈利，这需要全方位的降本增效。若一开始低价亏本引流，后续就有很大挑战。

二是若过于低价可能会遭到当地商家的投诉。"TikTok 英国站在国人内卷之下薅羊毛盛行，当时也遭到了英国许多商家的大面积投诉。"熟悉 TikTok 欧美区的业内人士说。

三是如何与北美成熟的电商平台竞争，获取更多份额。

"北美是一个高收益高风险的区域，这个市场饱和度很高，从而导致容错率低，一旦出任何问题很有可能迅速被市场抵制。"龙出海研究院表示，在其看来，美国现在的电商平台不乏沃尔玛这类线下基础好的平替，SHEIN 近年来也在向全品类模式突破，拼多多能否突出重围面临不少挑战。

（资料来源：https://mp.weixin.qq.com/s/abWwlvJD3gZ8UjH1zH7P_w）

第三节　DTC 品牌独立站出海运营策略

如前文所述，DTC 品牌独立站出海运营 SWOT 分析的主要结果可总结如下（见表 3-2）。

表 3-2　DTC 品牌独立站出海运营的 SWOT 分析

	优势（Strengths）	劣势（Weaknesses）
内部条件	直接触达用户 优化购物体验 提高用户价值 打造私域流量池	流量困境 "单打独斗"的实力不足 销售渠道单一
	机会（Opportunities）	威胁（Threats）
外部环境	海外市场上电商渗透率迅速攀升 享有政策和资本红利 迎合了"Z 世代"的消费理念 运营生态日趋完善	"Z 世代"对 DTC 品牌独立站的要求更高 DTC 品牌独立站出海运营成本上涨 本地化落实不够，难以精准匹配目标市场需求

根据 SWOT 分析，DTC 品牌独立站出海运营者应能清晰地把握内、外部资源与环境状况，在把资源和行动聚集在自己的强项和有最多机会的地方的同时，避开对自己不利的因素，并积极寻找解决现有问题的办法，以有效进行风险识别和战略规划。

一、DTC 品牌独立站出海运营的定位策略

从运营角度而言，建站应该是 DTC 品牌独立站出海运营首要解决的问题，但是正如前文所说，目前已有很多工具以及服务商可以给到支持，所以，如何把握好整个网站的定位便成为 DTC 品牌独立站出海运营的序幕。

（一）市场定位与选品

20世纪70年代美国营销学家艾尔·里斯和杰克·特劳特提出了市场定位的概念，其含义是企业根据竞争者现有产品在市场上所处的位置，针对顾客对该类产品某些特征或属性的重视程度，为本企业产品塑造与众不同的、让人印象鲜明的个性化形象，并将这种形象生动地传递给顾客，使顾客明显感觉和认识到这种差别，从而使该产品在市场上和顾客心目中占据特殊的地位。

可见，一个准确的市场定位，是DTC品牌独立站出海运营迈向成功的第一步。独立站从建立之初就应该做好前期调研，充分了解行业领域以及竞争对手，市场调查内容主要包括预选品类的市场环境调查、市场需求调查、市场竞争状况调查、销售渠道调查等。在对市场进行调查研究的基础上，依据影响消费者需求、欲望与购买行为的有关因素，将某一产品的整体市场划分为若干个具有不同需求倾向的消费者群体，是为市场细分。企业在进行了有效的自我SWOT分析之后，应根据自身条件选择对自己有利并愿意投其所好、为之服务的消费者群体，选定具有发展潜力的细分领域。在这一步，认清细分领域的发展趋势是非常重要的。通常，对行业的宏观认识会影响到微观项目的布局，如果整体行业环境处于蓬勃发展阶段，自然会给产品营造出良好的市场环境，为新品牌的打造提供优质土壤。而一个行业整体是否正处于蓬勃发展的时期，则要从产品合规性、目标市场体量、发展复合年增长率、竞争程度等多角度去分析。

从选品、定价、营销策略到索评均可由自己做主的独立站，虽有其固有的"自由"优势，但因为独立运行，势单力薄，滋生了相对大平台而言的引流劣势。所以，选品对于DTC品牌独立站而言就显得至关重要，独立站卖家会更加依赖于产品所带来的客源。有了明确的市场定位之后，选品思路和技巧可总结如下。

第一，注重产品的视觉和热点价值。消费者购买漏斗（the Purchase Funnel）模型表明，消费者与品牌的关系可以分为五个阶段，即品牌认知（Awareness）、筛选和考量（Consideration）、好感（Preference）、行为（Action）和品牌忠诚（Loyalty）。所以，在一开始的品牌认知阶段，能从视觉上吸引消费者的注意就可谓成功了一半。细心一点就会发现，社交媒体的热点产品、平台的热销商品大多都是既具趣味性又有高颜值。当然,产品的视觉价值不是单纯体现在美观上,而是要让消费者有眼前一亮的新奇感,这将决定是否能留住消费者,让其继续产生深入了解产品的兴趣,从而实现最终转化。在英语中,"新奇"是用"novel"这个单词来表达的,同时它也是"小说"的意思。可见,新奇的东西有助于企业讲好品牌故事。选择这类在视觉上就能给人新奇和惊喜感的产品,在后续的营销推广环节中不但便于制作出有冲击力的视频广告,还有获得免费红人营销的机会。产品的热点价值也是一样,因为是热点,具有热门元素,所以往往能在第一时间吸引消费者的注意,产生消费者与品牌的联结。通常,热点价值可分为两种,一种是产品中的某个元素很受欢迎的单一热点型,另一种是在社会媒体、电商行业等多个领域中都很受关注与欢迎的综合热点型。无论是哪一种,消费者的关注度和需求量都会比较高,有助于提升后期 DTC 品牌独立站的 CVR。

第二,产品的可持续发展潜力不容忽视。爆款产品确实很容易聚集非常可观的流量,是 DTC 品牌独立站引流时应该重视的,但仅因当下的某些事件而催生出的"爆款现象",其销量会随热度退去而变得难以为继。所以,相比昙花一现的"爆品",本身具备优势、市场场景多,能顺应市场需求变化且长期可卖的、有可持续发展潜力的产品,对独立站经营者而言更不容忽视。这类产品,首先要具备较强的实用性和可迭代性。实用性是大多数消费者在购物之前首先会考虑的问题,也是其购买一个产品的基本需求。如果一件产品无法解决消费者的任何问题,自然就不会有人愿意为其买单。比如,夏天里的小风扇、冬天里的暖手宝、电脑可折叠支架、手机防窥膜等,只有能解决消费者在生活中遇到的一些实际问题,或能为其带来便利性和高效率,而且在面对市场变化时能够迭代升级,不管是功能优化,还是设计升级,都会使产品的生命周期得以延长。其次,产品的可持续发展潜力还来源于它的情感价值。经济水平的上升使得人们的生活质量不断提高,消费者对产品价值的追求,已不再仅仅停留于实用价值层面,而会更多地关注产品所能带来的生活品质提升,或情感价值依托,为情感价值买单已经成为常态。有调查显示,国外消费者都特别习惯于表达自己的感情,会将个人情感差异和需求相结合,所以每到情人节、父亲节、母亲节等节日,情侣鞋、亲子装、首饰等产品的销量都会有明显的上涨。所以,对于 DTC 品牌独立站经营者而言，选择具有情感价值的产品，会更容易触动消费者的内心，降低消费者心理防线，也更有助于提高产品的溢价空间。在竞争激烈的大众、畅销品市场里，要想获得成功，就需要从一些独特角度去选品，要试着透过产品去看清楚有没有可供其长期发展的新市场、新功用、新使用场景；要考虑这个产品的实用价值、情感价值以及由此所影响到的未来几年内的可持续发展潜力。

第三，不要无视利基市场和产品的价值。尤其是 DTC 品牌独立站运营新手。利基市场是在较大的细分市场中具有相似兴趣或需求的一小部分顾客所占有的市场空间。大多数成功的创业者一开始并不在大市场开展业务，而是通过识别选择较大市场中新兴的或未被发现的利基市场来起家。具有利基价值的产品往往是属于某个产品大类下的细分品类，尽管小的利基市场会比大类目市场的潜在顾客要少许多，可是目标受众的精准度、较为稳定的市场需求以及平缓的竞争态势弥补了这个缺陷。同时，利基产品一般对消费者的需求偏好有着明显的针对性，因此能获得更高的客户黏性，也能在一定程度上规避大类目市场竞争的内卷。此外，引流一直是独立站经营需要面对的难题，而利基市场较小的竞争态势不但可以让卖家更容易在 Google 搜索中获得好的位置，还能相对降低广告引流费用，这对于 SKU 较少，但产品更为精细化的 DTC 品牌独立站而言，不失为在垂直领域获取较高利润的有效办法。在业内，利基市场也是差异化营销的一种方式，不仅能让卖家的资金和精力更加集中，还能让消费者拥有花同样的钱而像在享受定制化产品的购物体验。市场小众，差异性大，这正是利基市场的崛起优势，也是 DTC 品牌独立站运营者们需要认准的选品方向。比如在这个以瘦为美的时代，大码时尚便是一个利基市场，而大码服装产品则颇有利基价值。在中国跨境卖家中，环球易购旗下 Rosegal 独立站是最早聚焦大码人群的 B2C 服装跨境电商渠道。这个主打大码消费人群的时尚电商品牌以大码服装为突破口，服务于体型偏胖的客户群体，并拓展了周边品类，产品主要采取的是"设计师 + 买手制"模式。该公司 2018 年年度财报显示，Rosegal 注册用户为 1737 万，月均活跃用户数为 2253 万，月均访问量为 10302 万，在线 SKU 数达到 5.5 万，平均客单价为 37.91 美元。如今，Rosegal 在 Facebook 上的主账号粉丝规模已达 1200 多万。

第四，结合流量来源选品，能尽快实现销售转化。DTC独立站选品，除了不能脱离站内定位，还要同时考虑流量渠道的多样性与消费者认可，即通过什么流量渠道可以帮助独立站卖家快速获取用户，并让消费者对站内定位产生认同感与信任感，进而实现销售转化。通常，独立站流量的组成主要有四种：直接流量、社交媒体流量、广告投放流量和自然搜索流量。直接流量指的是输入网址直接打开网站，这部分流量主要来源于对品牌相对熟悉且能记住站点域名的老客户。当然如果独立站卖家的品牌知名度足够大，也会有不少潜在客户会通过品牌域名直接进入网站。对于这类流量，独立站经营者应该多关注他们站内活动所留下的点击率、转化率、收藏率、加购率等数据，及时据此调整和优化自己的选品，以迎合站内浏览者的需求。社交媒体是独立站最大的流量来源之一。近年来，消费者观念的改变，造就了社交媒体流量的大爆发，社交电商也由此得以迅速发展，社交媒体平台在独立站引流渠道中的地位也越来越高。DTC品牌独立站应该重视社交媒体账号的运营，其所打造的社媒形象会直接影响到消费者对品牌的认知，不仅能为独立站带来更多的流量，还能拉近与消费者之间的距离，建立情感联系，从而提升品牌知名度与忠诚度。想要在社媒平台上吸引粉丝用户的关注，独立站卖家在选品上就要重视产品的社媒属性。选择自带能够引起社媒关注属性的产品，可以带动话题度、讨论度与参与度的提升，从而帮助独立站建立起更合理的流量矩阵，以吸引忠实用户，沉淀真实的私域流量。广告投放流量是付费流量，独立站卖家可以在社交媒体平台、搜索引擎、论坛、贴吧等不同渠道投放广告。当然，渠道不同，付费广告的价格是不一样的，通常渠道越热门，广告费用就越高。为了更好地控制成本，独立站卖家在选品上就要更多地考虑产品能够达成的利润率，以及产品是否有足够的吸引力能造就顾客忠诚，从而平衡不断攀升的广告价格，降低对付费广告的依赖。自然搜索流量来自搜索引擎，海外消费者习惯在搜索引擎上寻找产品。卖家的网站在相关关键词下的排名越靠前，就能越早地进入消费者的视线，被点击的可能性也自然也会增加。满足这类流量的选品，独立站运营者应通过关键词搜索，查看产品的火爆程度排名。一般搜索引擎的产品排序都是跟销量热度等有关，排序靠前的商品受欢迎程度也高，这种产品是值得去选择的。

第五，所选产品应具备优势供应链支持。在跨境电商 DTC 独立站赛道，以"聚焦快时尚，为年轻人打造时尚优品"为定位的 SHEIN，是众多品牌出海的"标杆"。而 SHEIN 赖以"大杀四方"，让人眼花缭乱的剑招背后，是强大且成熟的柔性供应链系统。它依靠中国多年来打造的产业带，优化供应链，针对国外"消费降级"的需求，进行独特的降维打击。据悉，SHEIN 如今已在距离其番禺总部两小时车程的区域内，发展了 300 多家核心服装厂供应商，全部供应商超过 2000 家，并依靠独特的供应链信息系统，如臂使指，快速应对着市场变化。可见，稳定的供应链是独立站发展的基础，爆款要建立在拥有足够利润和销量的基础上，而产品研发和升级亦需要大量的资金，看得到市场前景、产品发展潜力、消费者喜好等，最终都要回归到卖家或者品牌方最基本的能力——供应链能力之上。所以，DTC 品牌独立站在选品时要坚持供应链最优的原则。供应链最优需要结合生产、成本与物流来考虑。生产周期的长短会影响到备货周期与备货预算；产品成本会直接影响到产品定价、利润率与市场竞争力；物流则会影响到站内政策、客户体验、售前转化与售后压力、现金流等。换句话说，独立站卖家在选择热点产品的同时，也要考虑生产备货成本和运输能力，不论是自发货还是代发货，都需要找到强而有力且能长期合作的供应链。此举不仅能够在数量和速度上满足 DTC 品牌独立站出海卖家的库存需求，还能满足消费者更加多元化的产品需求，从而提升独立站卖家的核心竞争力。

第六，重视所选产品之间的关联性。对于刚刚启航的 DTC 品牌独立站运营者而言，不管选择什么品类，一定要重视产品之间的相关性，以便提高与目标市场用户画像的重合度。一个好的独立站一定能给买家留下专业、品牌化的良好印象，因此卖家在选品的时候，要尽量打造同类目的产品，为独立站打造精准的定位。通常，所选产品之间的相关性越强，独立站整体的定位就越清晰，受众也会越精准，用户黏性也就越大，品牌形象以及站内设计风格也会越明确，对独立站的可持续发展也越有利。举个例子，某做户外用品起家的独立站，在社媒平台上一直致力于优质户外品牌形象的打造。而就在此时，基于种种理由，决策者想要拓展厨电类产品，那是否能直接将该品类产品上架到正在运营的户外用户独立站上呢？答案是肯定的，但是，一定要有关联性。现有的站内客户大多是户外爱好者，想要拓展厨电类产品就要以满足这类用户的需求为主，如增加适合野外露营、能满足简易就餐需求的便携式小厨电就是可以尝试的。不难发现，诸如 pretty little thing、fashion nova 等大型品牌独立站，即使产品系列繁多，SKU 过万，其产品都能与站内风格与品牌定位相符。如果产品之间缺乏较强的关联性，会使整个网站的定位不清晰，同时过于宽泛的广告受众，也会拉高广告测试成本，且站内无法进行统一优化，这无疑会对独立站的发展造成阻碍。

（二）品牌定位

独立站不仅仅是一个销售渠道，它还是一个可以展示企业文化、展示品牌理念的窗口。不同于第三方跨境电商平台侧重交易，独立站运营看重的是品牌形象，以及面向消费者传递价值观与情感。随着全球范围内的消费升级以及信息化社会进程的不断推进，消费者需要"品牌"作为商品的心智标识，来更快地作出购物决策。于是在"以消费者为中心，直接触达消费者"的商业思维影响下，DTC 品牌应运而生，而独立站则是打造 DTC 品牌的利器。如前文所述，通过独立站做 DTC 官网，一方面可以自己掌握数据，监控访问品牌独立站的用户，通过沉淀浏览行为和积累用户画像，精准地针对客户进行二次营销；另一方面，独立站拥有更多的品牌模板空间，可以让卖家在直接传达品牌信息的基础上，更好地向消费者讲述品牌和产品故事；此外，DTC 官网可以帮助品牌与客户建立起长期的价值输出关系，提升客户黏性（包括复购率、直接访问率），并由此降低流量成本和获客成本。

值得注意的是，在打造 DTC 品牌的过程中，品牌定位是一个重要环节，它是品牌成功经营的前提条件，是企业进占市场、拓展市场的向导，决定着品牌未来发展的方向。品牌定位是继市场定位、产品定位之后又一影响 DTC 品牌独立站出海运营成败的关键。与市场定位和产品定位是从消费者需求出发点不同，品牌定位更倾向于竞争性，它是指为企业树立一个与目标市场相关的、明确的、有别于竞争对手且符合消费者需要的独特品牌形象，以便于消费者以此来区别其他品牌，在潜在消费者心目中留下深刻的印象、占领有利的位置。当品牌定位与具有相似需求和利益的群体产生强烈的共鸣，并在其心智中形成了区别于竞争对手的独特的概念之后，消费者的选购过程则成为：品类→品牌→产品。于是，影响购买决策的过程重心开始偏向品牌间的选择，简化了购买决策，降低了抉择风险。而具有相关性、独特性和可信性的显著差异化，则是消费者做出品牌选择的关键性影响因素。消费者将根据头脑中通过接触各个品牌而形成的回忆来判断，而其记忆却是有限的，如何在产品和品牌间建立起强关联就是品牌定位所要实现的目标。

品牌定位的理论源于"定位之父"——全球顶级营销大师杰克·特劳特首创的战略定位。此后，各国研究学者对品牌定位的研究有很多，角度也各不相同，他们从市场定位、价格定位、形象定位、地理定位、人群定位、渠道定位等维度提出了一众可供选择的品牌定位策略，包括产品定位策略、目标市场定位策略、竞争者定位策略、品牌识别策略、渠道定位策略等。鉴于前文对 DTC 品牌独立站运营模式的 SWOT 分析，其在直接触达消费者、提高用户价值层面有着天然的优势，所以，独立站品牌必须也应该有能力将自己定位于满足消费者需求的立场上，让消费者可以真正感受到品牌的优势和特征，并且被品牌的独特个性所吸引，从而与品牌之间建立长期、稳固的关系，沉淀于私域流量池。由此，独立站品牌应考虑在前期市场定位的基础上首选以目标市场定位为导向、消费者需求为中心的以下策略。

1. 使用者角度定位策略

将产品和某一位或某一类用户联系起来，直接指向品牌产品的目标消费者，同时排除其他消费群体。这种方式常与品牌产品的利益点相关，暗示该品牌产品能为消费者解决某个问题并带来一定的好处。

2. 使用场合和时间定位策略

将产品与其使用场景或特定使用时间相关联，向消费者传达品牌产品的特质。让消费者在特定的场合和时间里，自然而然联想到企业品牌。比如怕上火喝王老吉、困了累了喝红牛、"8 点以后"马克力薄饼等，都是在塑造场景和框定时间。

3. 消费者购买目的定位策略

将产品的理念、功能或用户群等特质与消费者的购买动机相匹配。这种定位在崇尚"礼尚往来"的国家中非常适用。品牌商家可将消费者购买某种商品想向受礼人表达的特定意思提炼出来，让品牌产品成为连接两者的桥梁，以此圈住更多的目标消费人群。

4. 消费者生活方式定位策略

将品牌产品与消费者的生活方式、生活态度、心理特性和文化观念等个性化的属性相结合。市场研究表明，仅凭消费者的自然属性划分，越来越难以把握目标市场。因此，独立站品牌应该注重从个性化生活方式等角度寻找品牌的定位点，让消费者在选购和享用品牌产品时，通过品牌所代表的理念和价值观来满足展示自我、追求个性的需要。

以此用户思维主导的品牌定位策略为主，再加上其他行之有效的定位策略助攻，DTC 独立站定能在努力寻找和发现自身品牌的独特个性和优势的基础上，将此优势与目标消费者心智中的空白点予以对应，从而确定品牌商品在目标消费者心目中的独特位置，使品牌能够在目标消费者心目中建立起强而有力的联想和独特的印象。

二、DTC 品牌独立站的营销推广策略

品牌定位是 DTC 品牌独立站进行有效营销推广的客观基础，没有品牌整体形象的预先设立，后续的营销推广活动就难免盲从而缺乏一致性，以致影响到品牌价值观在消费者心目中的确立和长期驻留。换句话说，当具备了相对稳定、统一且符合目标市场消费者价值取向与喜好的定位之后，DTC 品牌独立站运营者就应该统筹调动自己的所有资源，企业上下内外都应该围绕此核心开展营销推广活动。有调查显示，除了通过平台、社交媒体、广告、搜索引擎等渠道了解商品的购买者以外，有将近 50% 的购买者是从品牌官网独立站上获得所需的内容，并采取行动的。所以，对于 DTC 品牌独立站出海卖家而言，站外和站内营销推广同等重要。

（一）站外营销推广策略

1.SEO 优化

SEO，完整的英文表达是"Search Engine Optimization"，意为搜索引擎。

它是一种通过分析搜索引擎的排名规律，了解各种搜索引擎怎样进行搜索、怎样抓取互联网页面以及怎样确定特定关键词搜索结果排名的技术。

SEO 优化，即搜索引擎优化，采用易于被搜索引用的手段，对网站进行有针对性的优化，提高网站在搜索引擎中的自然排名，以吸引更多的用户访问网站，提高网站的访问量，提高网站的销售能力和宣传能力，从而提升网站的品牌效应。

DTC 品牌独立站出海运营者在 SEO 优化策略中的主要任务就是在认识与了解搜索引擎怎样紧取网页、怎样索引、怎样确定搜索关键词等相关技术后，以此来优化自有网站的内容，确保其能够符合用户的浏览习惯，并且在不影响浏览者体验的前提下使网站的搜索引擎排名得以提升，进而使该独立站的访问量得以提升，最终提高独立站的宣传能力和销售能力。简而言之，基于搜索引擎的优化，其实就是为了让搜索引擎更容易接受品牌自己所运营的独立站，搜索引擎往往会比对不同网站的内容，再通过浏览器把内容以最快的速度、最完整、最直接地提供给网络用户。

在海外，企业搭建自己的品牌官网、运营独立站是常态，且 SEO 主要针对的搜索引擎就是 Google，所以 SEO 优化通常也可以理解为是针对 Google 的搜索理念和逻辑所做的网站优化。事实证明，优质的原创内容，不仅能让网站拥有吸引目标受众的魅力，同时也会使之得到 Google 搜索引擎的认可，从众多竞争对手中脱颖而出，在搜索排名中"名列前茅"。所以，DTC 品牌独立站在做 SEO 优化时，可以考虑另辟蹊径，从内容营销上进行突破。内容营销是指用图片、文字、音频、视频等介质来传达企业或产品的相关内容和信息给用户的营销手段。通过合理的内容创建、发布及传播，吸引用户关注，向用户传递有价值的信息，并触发用户的消费欲望，以此来促进网站流量的营销转化，实现网络营销的目的。根据谷歌 SEO 与内容营销你中有我、我中有你的共生关系，品牌企业在独立站的基础上优化网站关键词，开通创作平台账号，发表高质量的文章，或提供丰富的内容载体，完善内部链接，就能让 Google 收录，提升独立站搜索排名，让更多用户看到独立站的信息，从而为独立站带来自然点击量。

第三章　DTC 品牌独立站出海运营分析

【相关链接】

靠文章内容引流的外贸独立站

网址：https://www.healingcrystalsco.com

这个网站上面的产品不到 40 款，都是下面这种水晶成品或者半原材料，包括虎眼石、玫瑰石英、月光石等。

这类的水晶原材料产品，在速卖通上面也有很多，一搜一大把，而且水晶类的产品，可以写文章的地方特别多，因为外国人既对水晶感兴趣，同时又很迫切地需要学习相关的水晶知识。

网站的流量几乎都来自谷歌自然搜索流量，三月份从谷歌获取了 17 万左右的访客人次，平均每天是 6 千访客人次不到，从下面的流量趋势图可以看出网站流量从建站开始（2021 年 4 月份建站）一直稳步上升，这个站长很牛，手下有十几个网站，卖不同类目的产品，流量都很不错。

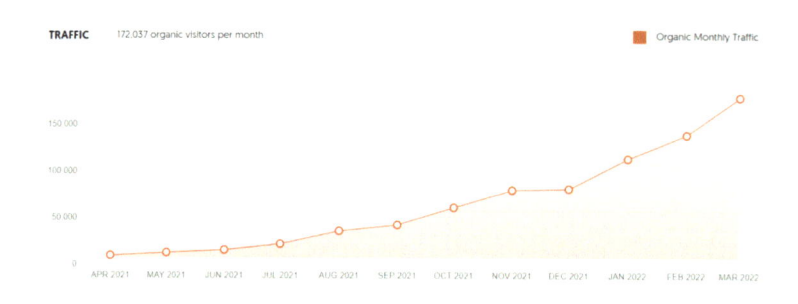

我们再仔细分析，可以看到网站的流量几乎都是来自网站的blog，也就是通过写文章来获取流量的，获取流量最多的一篇文章，三月份吸引了17683访客人次访问。

（资料来源：https://mp.weixin.qq.com/s?__biz=MzIwNzgyNzE2OQ==&mid=2247487444&idx=1&sn=2860591904cdef6749ccef9c5fc01f2a&chksm=970d365aa07abf4c4077585b98d23171fe24526c96c0c7eeb81b8e3b1de4d99671942653c388&scene=27）

可见，要做好内容营销，就要尽可能地贴近目标消费者的生活状态与需求，实现一种没有隔阂的交流，在内容创作中要注意语言差异、文化和社会因素、审美选择，甚至政治和宗教规范等因素，也就是要做到营销内容本地化。DTC品牌独立站出海运营者如果能够根据目标市场本地特点对营销推广内容进行调整、优化后再输出，相信其营销内容更能激发用户共鸣，从而增强品牌亲和力，获得更多用户的青睐。

另外，此案例也反驳了业内大多不太看好新的独立站做SEO，而建议它们做SEM（Search Engine Marketing，付费推广）的观点。诚然，由于相同产品往往具有相同的关键词，新的自建网站确实很难和原有的网站做竞争，但是来自诸如 Google、必应、Yahoo 等搜索引擎的自然搜索量还是值得去争取的。比如说，不走寻常路，以长尾关键词为切入点。虽然长尾关键词较难在 Google 关键字搜索结果中排到前十，但随着时间的推移，实际上搜索引擎也会对未优化的相关关键词提升排名，借此增加引导流量。因此，独立站卖家也可考虑针对特殊长尾关键词进行长期的 SEO 优化。

总之，相比谷歌 SEM 引流方式，谷歌 SEO 为独立站带来的自然搜索流量更稳定，也更实惠。通过为网站更精准、更高效地引流，SEO 优化策略有助于实现独立站私域流量池的积累与沉淀。

2. 社交媒体广告投放

据全球知名商业数据平台 Statista 发布的《数字经济指南》（Digital Economy Compass）统计显示，2021 年全球互联网用户平均每天使用社交媒体平台的时间为 142 分钟，远高于 2012 年的 90 分钟。同时，2021 年又是社交电商存在突破性的一年，TikTok、Facebook、Instagram、Snapchat、Pinterest 等社交媒体都在变得更加适合购物。全球市场研究公司 eMarketer 曾预测，美国社交电商销售额将在 2025 年之前翻一番，超过 790 亿美元。

随着社交媒体日益成为人们生活中不可缺少的一部分，其表现形式和功能越来越多，且各具特色。无论是 Facebook 的狂热爱好者还是喜欢浏览 TikTok 上的内容，消费者们通常都会在某种形式的社交平台上花费大量时间，并看到很多社交媒体广告。如今，社交媒体平台上的广告投放已然成为销售转化的强大动力。对于 DTC 品牌独立站出海运营者而言，实施强大的社交媒体广告策略比以往任何时候都显得更加重要。

经研究统计，Facebook、Twitter、YouTube、TikTok、Instagram 等社交媒体均为世界所公认的易于接近目标受众的主流途径。2022 年 8 月，Jungle Scout 发布的美国第二季度消费报告显示，有 48% 的消费者在购物前会通过社交媒体进行调查，包括评论以及广告等形式。其中有 35% 的受访者在观看直播之后进行了购买。

而在这之中，又有 42% 的消费者表示不会排斥平台的广告，并且认为它们是很有帮助的。在社交媒体平台的选择上，YouTube 的受欢迎度最高，占比为 61%，其次为 Facebook（51%）、Instagram（45%）、Twitter（37%）、TikToK（35%）。

　　DTC 品牌独立站卖家若想增加品牌印象和与潜在消费者之间的连接，那么不管在使用时间或是访问页面数量上的表现都略胜于其他社交媒体平台的 YouTube 是为最佳选择。若单纯以盈利为方向，则 Facebook 访问者对电商的平均贡献价值是相对较高的，至少远远高于 Twitter 的价值，在资源有限的情况下，能产生最高效益的社交媒体是为首选。若卖家看重与用户的沟通和互动，可以考虑在 Instagram 上投放广告。近期一项研究发现，Instagram 给到品牌的参与度比其他任何社交媒体平台高 25%。如果使用正确的主题标签、适当的过滤器，并在合适的时间发布，那么独立站运营企业就可以在 Instagram 上收获一大批的关注者。值得一提的是 Instagration，它是增加 Instagram 参与度的绝佳工具，能帮助卖家调整客户的 Instagram 照片并以不同的格式显示它们。记得通过此途径展示正在使用独立站内商品的顾客照片，向潜在客户展示品牌实力，让他们看到此类产品经常被人们购买，从众心态的满足会促使其下单并优化购物体验。例如，销售女性运动服装的卖家 Fit Little Bride，就在其社交媒体账号上发布了许多顾客穿其服装锻炼的照片，这些买家秀吸引了大批的客户，并且成功地转化成了销售额。若卖家自身具备短视频直播带货的优势，那么 2019 年横空出世的 TikTok 就是很好的投放平台，它几乎在一夜之间吸引了数百万全球用户，更是让世界主要的社交媒体渠道都迅速将注意力转向了短视频。最近 TikTok 正在很多地区测试 stories，该功能类似于 Instagram、Snapchat 等应用中的故事功能。stories 的碎片化以图像和视频为主，内容精短有时限的特点，特别适合周期性产品宣传，也符合多数年轻人的移动内容消费偏好。借助此功能，独立站卖家可以快速建立品牌或产品社区，通过分享一些跟产品相关的独特的内容来增加影响力，提高品牌互动性和黏性。此外，stories 的文字、图片、短视频形式多样，还可让下沉式营销事半功倍。

　　可见，社交媒体既是沟通纽带也是流量池。通过社媒发布高质量的内容，和消费者互动交流；以图文、视频等形式制造话题和预热，不仅能提升 DTC 品牌独立站的知名度，还能沉淀流量、积累追随者，保持独立站流量的持续稳定增长。如今，社交媒体广告投放已然成为独立站头部经营者的重要战略布局。例如，3C大卖安克创新不仅在社交媒体平台建立自己的账号，进行日常产品推广与粉丝互动，还在各种垂直性论坛进行品牌传播，利用不同的场景进行多渠道布局。童装品牌PatPat也深谙营销之道，在Facebook、Pinterest、Instagram等多平台进行花式玩法，结合市场情况进行本土化运营策略，通过互动式交流直面海外消费者需求。

必须强调的是，DTC品牌独立站卖家在进行社交媒体广告投放时一定要了解相关平台投放准则，遵循平台投放规范，根据算法规则做好投放策略，不要涉及平台禁止的灰色商品，注意广告素材，不要侵权。

3. KOL和KOC双管齐下

KOL和KOC都是市场营销所涉及的术语。KOL，全称"Key Opinion Leader"，意为关键意见领袖。在营销学中，为各厂家品牌和产品做宣传的专家或权威人士被称为"关键意见领袖"，通常被定义为拥有更多、更准确的产品信息，且为相关群体所接受或信任，并对该群体的购买行为有较大影响力的人。KOC，全称"Key Opinion Consumer"，意为关键意见消费者。一般是指能影响自己的朋友、粉丝，让其产生消费行为的消费者。KOC虽然不能称为意见领袖，但却在垂直用户中拥有相对较大的决策影响力，能够在一定程度上带动其他潜在消费者的购买行为。

随着社交媒体日益融入人们的生活，网上消费者开始转向从他们喜欢的明星、网红，或者是在某个领域有影响力的人那里获取购买产品或服务的建议，甚至直接选择他们所推荐或代言的产品和服务。这种基于信任关系的粉丝经济，一直是业内所认可并看重的有效营销手段。

红人本身拥有大量的粉丝群体，这些粉丝会时刻关注红人的动态和他们所发布的内容，并自动跟随或是进一步转发分享，如此便会引发爆发式的快速传播，这是DTC品牌独立站引流的一个好办法。而且，相对而言，红人营销所面对的受众群体更为精准，大概率能带来精准转化。然而，正因为业内普遍看好粉丝规模庞大的红人营销，推动了 KOL"代言"费用的一路水涨船高。目前，一个 KOL 的单次营销推广花费往往就高达几十万美元。如果不是在预算上具备强大的优势，普通 DTC 品牌独立站往往难以为继。此时，不妨借鉴一下海外独立站的做法——KOL 和 KOC 双管齐下。

按照营销界通行的"七次法则"，潜在顾客平均只有在接收广告宣传信息 7 次以上，才可能考虑发生购买行为。所以，把有限的预算砸在一两次的 KOL 推广上很难获得预期的效果。业内有数据显示，按与 1 位 KOL 合作同样的价格足够与 50 多位 KOC 进行合作。所以，采用"KOL+KOC"的模式，科学分配 KOL 与 KOC 的投入比例，让品牌和产品宣传大范围曝光，尽可能地多次反复出现在受众面前，以强化消费者认知，从而触发购买行为，才是 DTC 品牌独立站在红人营销策略上"四两拨千斤"的打法。

的确，KOC 基本上都是普通消费者，粉丝数量与 KOL 相比那就是天壤之别，但是，也正因为大家都是消费者，所以 KOC 对于潜在的消费者而言具有天然的亲和力，他们有类似的生活经历，了解用户的情感、需求与痛点，会以消费者的视角来分享品牌、介绍产品，也就更容易在认知上达成共识、产生情感共鸣。而这些，也正是 DTC 品牌独立站出海运营"本地化"所迫切需要的。基于此，出海品牌可以考虑与东道国本土 KOC 加强合作，将产品推荐的任务交给当地消费者认识和信任的"身边人"，就会在很大程度上激起消费者的购买欲望。根据 Medium.com 网站的报告，本地 KOC 的成本效率是普通意义上 KOL 的 6.7 倍。因为粉丝量少，本地 KOC 营销可以帮助出海 DTC 品牌在社交媒体上产生更高的参与度。与 KOL 相比，他们能在更实质性的层面上与粉丝互动沟通，甚至可以做到每条评论都有回复，更接地气，而大多数潜在消费者也比较乐于吸取他们分享的经验。

在经济不景气，KOL 投放成本越来越高的当下，强调信任关系而又"物美价廉"的 KOC 风头正盛，被誉为"私域流量之王"。KOC 逐步与 KOL 并肩的背后，是"Z 世代"消费观的变革。KOL 是在某一行业内拥有话语权的人，他们为品牌做推广，是一种商业化的、单向的意识输出，是"推"。而 KOC 本身是消费用户，出没在每一个消费者用户的身边。他们热衷于分享各类好物，分享自身的真实感受，且不局限在某一产品或领域，发布的内容通常也并不聚焦，充满生活化和兴趣化，也乐意与其他消费者相互交流，其本质是"晒"。有着自己独特需求，且与互联网原住民不同的"Z世代"，对高高在上的KOL推荐变得不再敏感，相比高大上的"推"，他们更看重"平等、真实、无距离"的"晒"，所以，普通KOC依靠早已形成的熟悉和信任感觉，更容易带货成功，并最终形成"自来水"效应。那么，是否意味着KOC会取代KOL呢？并不会，此观点也实属无稽之谈。KOL与KOC是一体两面，DTC品牌独立站出海可以考虑利用KOL粉丝基数庞大的优势快速打造出品牌知名度，同时依靠KOC的"亲和力"落实"本土化"，进而对用户形成深度渗透。所以，打"KOL+KOC"组合拳是当前形势下的最优解，KOL和KOC在独立站出海营销链路中都是不可或缺的。

（二）站内营销推广

《2020中国数字营销趋势》数据显示，高达62%的广告主认为，自有流量池是2020年最值得关注的数字营销形式。这里就涉及一个"私域流量转化"的问题。私域流量转化是指通过在社交媒体等渠道触达消费者，并引流到独立站官网，从而让这些用户成为品牌沉淀下的资源。可见，引流到独立站内仅仅只是迈出了打造私域流量池的第一步，进一步做好站内营销推广，将这些目标群体转化为购买者，才能体现私域流量的变现效果。众所周知，独立站本身是没有流量的，对于DTC品牌独立站来说，必须打造出能够长期地、可持续地吸引用户来到独立站复购的品牌价值，建立起流量获取、转化下单、客户留存再营销的运营闭环。

在DTC品牌独立站出海的实际运营过程中，当通过前文提到的各种渠道将流量引入独立站之后，消费者的成功转化通常是一个这样的流程：浏览产品→添加到购物车→发起付款→付款成功。所以，DTC品牌的独立站的站内营销推广就应该围绕这几个环节来开展。

在浏览产品阶段，被站外营销推广吸引而来的消费者已经对独立站品牌有了一定的认知，进入独立站之后，这个认知应该被进一步强化加深。所以，独立站的设计风格应该能让用户直接感受到品牌调性和产品的应用场景，从而加深对品牌所倡导的价值观的理解。出彩的网页展示，不但能够帮助独立站吸引更多的流量，还可以延长浏览者的停留时间，产生深入广泛了解的愿望，有利于其选购下单和品牌的长远发展。与此同时，可以通过设置不会过多占屏的"滑入试"弹窗来引导浏览者注册，并为其提供一个令人信服的理由来填写真实的电子邮箱，例如换取一份小而有吸引力的礼物等。根据《SKUKING 全球跨境电商趋势报告之营销指数》的最新数据，电子邮件营销每花费 1 美元，就能带来 35 美元的平均投资回报，同时带来超过 40 美元的平均客户终身价值。所以 DTC 品牌收集用户电子邮箱地址并建立电子邮件列表是非常具有积极意义的，可以将个性化的推荐、站内的优惠活动、新品发布等信息投递到注册用户的邮箱进行客户维系和二次营销。需要注意的是，在独立站的网页上，需要消费者自助填写表单内容的场景主要集中在注册和结算付款页面，一旦过程复杂，就容易让消费者产生放弃浏览或购买的想法，所以在设计时要尽量优化流程，将注册和订单信息相结合，让消费者能以最简单快速的方式完成注册和订购流程，提升其在独立站购物的"丝滑感"，顺利进入购物车环节。

在购物车阶段，DTC 品牌独立站卖家需要面对的最大问题就是"购物车遗弃"。通常，消费者会将感兴趣的商品加入购物车，并不会立刻购买，这样就增加了商品被"遗弃"的风险。根据调查公司 Baymard 的研究，美国网购者的平均购物车遗弃率达到了 69%，这意味着每三个将产品添加到购物车的客户，最多只有一个完成转换，进入了付款阶段。所以，减少购物车遗弃率是提高独立站转化率最直接有效的办法。实战经验表明，强调优惠信息和优惠时段；消除或尽量减少额外的成本，并直截了当地指明相关费用；减少结账表单字段的数量；使用一些具有权威性的信任标志；提高网站速度并强化功能；制定明确的退货和挽回购物车邮件策略等，都可以大大减少购物车遗弃率。另外，在购物车阶段减少客户转换流失的同时，独立站卖家还应该注重"开源"，要想办法提高平均订单的价值。平均订单价值越高，每笔交易产生的收入就越多，这意味着只需要更少的流量就能达到预期的收入目标。在《SKUKING 跨境电商独立站中国品牌出海蓝皮书》中，海外市场拓展经理 McCain 分享了一个屡试不爽的技巧：一旦购物者在购物车中添加了一定价值的产品，就会弹出一个窗口。当他们达到阈值时，你给他们折扣，这使他们更有可能完成交易。另一种可行的策略是，当客户的本次消费额度超过了之前消费额度的平均值，就可以有针对性地弹出窗口与他们联系，为其提供一定比例的折扣。客户得到了小幅折扣优惠乐于转化付款的同时，独立站也提高了 AOV，一举两得。

在发起付款阶段，支付渠道的通畅直接关系到订单的成交量。当用户被品牌营销广告所吸引进入独立站，看了产品详情页并最终决定要下单时，却在支付环节出现问题，这是令人十分遗憾的，所以支付方式的便捷、安全和稳定直接影响着整个独立站的运作。DTC 品牌独立站出海运营初期，可以考虑先用 PayPal 收款，它是目前外贸类网站所使用的主流支付方式。在使用时要注意 IP 的稳定和账户信息的完整，可以准备适量备用账号以应对封号的风险。后期，则可以根据实际运营发展情况选用第三方聚合支付通道接入信用卡，此时支付成功率是选择第三方支付平台的重要指标之一。支付成功率指的是支付成功的交易占所有交易的百分比，自然是越高越好。如果通过媒体广告获得的流量不能在支付环节进行良性转换，必然会对 DTC 独立站卖家的营销推广计划产生不良影响。此外，在选择支付方式时，DTC 品牌独立站还要考虑一个回款周期的问题。通常，回款周期越长，独立站的资金周转压力越大，卖家备货和营销推广等都有可能因此受到影响。显然，充足的现金流对于独立站商家的可持续发展而言，是十分重要的。

付款成功以后，站内营销推广的重心就应该转移到提高独立站的"复购率"上。对于 DTC 品牌独立站的运营逻辑来说，把"流量"变成"留量"是关键，此时，在第一阶段——浏览产品阶段所建立的电子邮件列表就可以派上用场了，可以用邮件向客户推送站内各种优惠活动信息，比如有针对性地投放个性化复购优惠券、个人账户积分换购等。相关数据显示，黑五期间 25% 的销售额都是通过邮件二次营销转化而来。盘活私域流量池，独立站可以获得比同类平台多 85% 的销售增长和超过 25% 的利润提升。

除在消费者的独立站内转化流程各环节可以采取相应的营销推广措施之外，还有一个建议贯穿消费者站内活动全过程的、同样可以起到营销推广作用的功能设置，那就是提供在线聊天窗口。虽然当买家对站内商品产生疑问、想知道更多的产品信息，以及发货日期、退货政策的时候，可以通过站点的联系表格、电子邮件和社交媒体等多种方式联系到 DTC 独立站卖家，但是研究表明，社交媒体上用户服务请求的平均响应时间为 10 小时，而电子邮件的平均回复时间更是高达 12 小时以上！毋庸置疑，如果无法及时回复用户在帖子、私聊、邮件等沟通渠道中提出的问题，这些潜在的目标群体转化为实际消费者的概率将会大大降低，私域流量的变现效果也会大打折扣。所以，DTC 品牌在独立站内提供在线客服或是智能客服的功能设置，有助于全程与站内浏览者建立直接联系，及时解决他们对产品详情、产品购买、售后服务等各环节的疑惑，优化其站内体验，促进下单。

在设备性能和网络技术的发展让移动端流量占比大大提升的移动互联网时代，因 WAP 端和 PC 端的分辨率等设置有所不同，所以在页面布局、字体、交互等方面呈现出来的效果会存在一定差别。DTC 独立站不但要重视站点 App 的开发使用，还要注意优化移动端用户的购物体验，充分考虑用户浏览、加购、获取优惠、支付等流程中的操作难易度和流畅度，结合产品的个性化、专业化来进行 App 层面的持续测试和优化升级，从细致之处来提升转化效果。

三、DTC 品牌独立站的多渠道销售策略

通过各种方式和渠道将目标市场流量引入 DTC 品牌独立站进行购买转化固然重要，但是，如果能够实现"就地转化"，又何乐而不为呢？

当今世界，消费者时时面对着铺天盖地的信息，几乎随处都可以浏览到产品和服务的推介，一旦确定需求，他们非常希望并且需要能够在任何他们想要购买的地方购买到。相关研究证明，有效运用多渠道销售策略的公司，其客户留存率高达89%，而且客户的终身价值比单一渠道销售的竞品高出 30%。可见，多渠道布局在推动销售方面势在必行。对于很多 DTC 品牌卖家而言，开设独立站并维持日常运营已实属不易，但是面对超过三分之二的网购者会在多渠道购物这一不争的事实，也不得不承认开拓新渠道、谋求多渠道布局是利大于弊的选择。

【相关链接】

多渠道销售让 Think Crucial 成长为一个收入八位数的品牌

  Think Crucial 由 Chad Rubin 于 2009 年在纽约和新泽西地区创立。Chad 最初是华尔街的一名工作人员，负责报道互联网股票。他的生活就像他想象的那样，从事着一份高薪且高级的工作，他认为没有什么能阻止他。可在 2008 年，他下岗了，转眼间他的生活天翻地覆。在他的成长过程中，他的父母拥有并经营着一家苦苦挣扎的真空吸尘器商店。希望重新振作起来的想法，激励 Chad 有了创办一家名为 crucial vacuum 的直接面向消费者的公司的念头。通过经营线上业务，他注意到直接从产品制造源头发货，能获得极低的进货价和较高的销售利润。于是，他的业务经营渐入佳境，从家电、咖啡、游泳池和照明用品扩展到了重要家居用品。此后，Chad 将公司更名为 Think Crucial，专注于以比主流品牌更低的价格提供高品质的重要家居用品。然而此时，经营 DTC 品牌独立站的 Chad 无法仅在自有网站上吸引大量消费者，在寻求增加销售量和增加收入的过程中，他很快意识到自己的品牌和产品需要"无处不在"。很快，他开始在各大网站和社交媒体布局自己的营销推广和销售渠道。他根据不同平台和销售渠道的规则和特点，为每个产品页面编写了专门的、有深度的内容；利用多个销售渠道和清单让自己的产品能够在消费者喜欢购物的任何地方吸引到他们的关注，并生成订单。

  这样做，使他的真空吸尘器生意从负债累累，成功成长为收入八位数的品牌——Think Crucial。

（资料来源：https://www.wordpresshy.com/291171）

  在现代消费世界中，购物无处不在。消费者乐于体验的理想购物场景是：在穿过一个主题公园时注意到有人穿着自己喜欢的鞋子，于是拿出手机，一个简单的谷歌搜索就可以调出该品牌的 Facebook 页面，从而直接实现销售和转化。根据 IDC 最新研究，使用多个销售渠道的公司相对单一渠道而言，平均交易规模/平均订单价值高出 15%-25%，客户盈利能力高出 5%-10%，平均生命周期价值高出 30%。必须承认，多渠道销售策略的核心是在客户最活跃的地方触及潜在受众并满足其需求，覆盖面更广泛、销售更有针对性，从而能够给消费者提供更好的购物体验。通过布局多渠道销售，DTC 品牌独立站不仅可以有效提高品牌知名度和销量，还能收集到更多的消费者数据，以便更好地了解顾客的消费行为。

从本质上来说，实施多渠道销售策略是要让 DTC 品牌独立站改变只有将流量吸引到站内才能再加以引导转换的观念，而是要准备好在消费者所在的任何地方进行销售。当然，这是需要技术保障的，目前主流的一站式 SaaS 电商服务平台，基本上都能为电商卖家提供管理全渠道的营销、售卖、支付、物流等服务的相关功能模块。例如使用 Shopify 建站的独立站卖家，就可以使用它所提供的强大的多渠道销售功能。一般情况下，Shopify 会自动同步独立站产品到其他渠道，帮助品牌填充和管理其他网站的销售页面。

【相关链接】

独立站多渠道布局优缺点分析（节选）

使用 Shopify 建站的卖家已突破 135 万，可以肯定地说，Shopify 是最受新旧卖家欢迎的建站平台之一。Shopify 提供了大量实用的商店管理和电商功能，多渠道销售也是其亮眼的优势之一。

1. Shopify + Facebook Shop

Facebook 是传达品牌价值和声音的良好渠道，可用于发布促销活动、分享创意内容等。许多顾客喜欢在社媒上了解品牌的动态，数据显示，63% 的客户希望品牌能够通过社交媒体提供客户服务。

优点

①超过 30% 的网购者会使用社媒渠道探索新产品，其中 26% 的人将 Facebook 作为他们的主要产品信息来源。

②可以一键同步上传产品到 Facebook Shop。

③可以把产品链接到 Facebook 帖子上，吸引用户点赞、评论和分享。

④可以使用 Instagram 付款。

⑤创建 Facebook Shop 是完全免费的，值得一试。

缺点

① Facebook Shop 加载时间较长，可能会因此损失一些潜在客户。

② 品牌必须遵守 Facebook 的规定，并不是所有的内容或产品都能在 Facebook 上发布。

③ Facebook 和 Instagram 商店目前只对美国的企业开放。其他国家和地区的卖家若想通过 Facebook 进行销售，需要将客户引导回到 Shopify 商店页。

2. Shopify + Instagram Shop

启动 Instagram Shop 后，品牌可以在 Instagram 帖子和快拍中标记产品。此外，用户只需点击品牌资料页的"View Shop"（查看商店）标签，即可在应用内查看所有产品，或者点击"View on Website"（在网站上查看）进行购买。

优点

① Instagram 的月活用户超过 10 亿，其中 81% 的用户会使用 Instagram 研究产品和服务。

② 已经创建 Facebook Shop 的卖家可以同时设立 Instagram Shop，将产品快速同步到 Instagram Shop 上。

③ 对于累计一定知名度的品牌来说，Instagram 是一个很好的推广渠道。

缺点

①品牌须累计至少 100 名粉丝并注册 Instagram 商业账户，才能通过 Instagram 进行销售。

②需要先创建一个与 Shopify 联通的 Facebook 页面来承载产品链接。

③要在 Instagram Shop 进行成功销售，需要配备有效的社媒打法并吸引到应用内用户。

3. The Shopify Buy Button

Buy Button（购买按钮）可将产品添加到外部网站和博客文章中，显示产品图片、描述和价格，用户点击 Buy Button 后可直接转跳到 Shopify 站点结账，简化了整个购物流程。

优点

①如果卖家有自己的博客网站或在其他网站有产品推广文章，可以创建产品 Buy Button，使读者无须离开该博客文章就能完成订单。

②创建 Buy Button 快速简单。

缺点

① Buy Button 有一个小限制，不能在 Shopify 商店或 Shopify 博客上直接使用，不然可能会导致结账过程出现问题。最好在其他平台（如 WordPress 或 Squarespace）托管的外部博客/网站上使用。

4. Shopify + eBay

eBay 也是最受欢迎的在线市场之一，将 Shopify 商店与 eBay 整合，可以接触到更多的客户并销售更多的产品。

优点

①通过 eBay 庞大的用户群接触更多的客户。

②轻松列出产品，并在 Shopify 仪表板上管理一切业务。

③使用 eBay 的信息服务客户进行沟通。

④可以与 PayPal 整合。

缺点

eBay 销售渠道目前适用于美国站、加拿大站、澳大利亚站、英国站和德国站。

5. Shopify + 谷歌

搜索引擎是一个另类但有效的销售渠道，当用户使用谷歌搜索产品时，谷歌会在其"购物"标签中显示产品列表，符合资格条件的商店可以免费在谷歌上列出产品。Shopify 的谷歌销售渠道会自动将产品和商店的相关信息同步到谷歌商家中心（GMC），无须卖家手动处理。

优点

①许多有购买意向的客户会使用谷歌进行初级产品研究，因此，谷歌销售渠道可以帮助品牌提高知名度和销售量。

②在谷歌销售渠道中列出产品是免费的，何乐而不为？

缺点

①卖家必须拥有谷歌广告账户和谷歌 GMC 账户，才能出现在谷歌的购物标签搜索列表上。

②要创建更有针对性的广告活动，卖家需要自行在谷歌广告账户内设置调整。

③免费的谷歌购物标签列表仅适用于有资格在美国销售产品的商店。

多渠道销售已经是 Shopify 的一个成熟功能，可快速将商店与多个渠道同步，并允许卖家在 Shopify 仪表板上管理所有渠道业务，让卖家不会因多渠道布局而手忙脚乱不知所措。

值得注意的是，每个销售渠道的规则要求不同，如不可煽动仇恨、种族主义，或展示任何可能使受众处于危险境地的产品，并非所有卖家都能符合全渠道销售条件。

（资料来源：https://www.cifnews.com/article/102629）

虽然网络社交媒体是 DTC 品牌不可或缺的营销推广和销售工具，但独立站卖家也可以尝试探索其他营销路径，比如数字驱动的线下营销。当 DTC 品牌独立站做到一定程度，已经获得了相当多的当地消费者的兴趣和偏好，则可以考虑在合适的时机开展线下营销，让消费者获得更直接的产品体验。例如，独立站卖家首先在 Instagram 和 Facebook 上根据特定地点进行内容定位，当达到了一定的用户黏性门槛之后，就可以发起线下广告推广活动，最后开启线下实体店。实体店的主要模式可以考虑：快闪店——销售型和品牌推广型，旗舰店——表达品牌调性，展厅/体验店——产品试用、定制和品牌参与。此时，DTC 品牌的最大好处之一就得以体现出来：有一批现成的意向顾客随时准备涌向卖家的实体商店。由 Kory Stevens 和 Mallory Stevens 夫妻二人创立于 2014 年，在西班牙和葡萄牙生产高质量鞋履产品，并通过自有网站直接出售给消费者的数字化原生零售商 TAFT 正是利用了这一点，在 SoHo 开设了第一家门店。TAFT 因其独特而大胆的设计，平易近人的价格以及以社群为中心的营销方式赢得了意见领袖、名人和知名运动员的喜爱。该品牌就是在遵循其数字驱动销售和营销策略的同时，不畏惧营销模式线下化，将实体店作为另一种营销渠道，从而获得了更高的销售额。

四、DTC 品牌独立站的 CRM 策略

CRM，英文全称"Customer Relationship Management"，意为客户关系管理。最早提出该概念的 Gartner Group 认为：所谓客户关系管理就是为企业提供全方位的管理视角；赋予企业更加完善的客户交流能力，以最大化客户收益率。CRM 主要是指利用相应的信息技术以及互联网技术协调企业与顾客之间在销售、营销和服务上的交互，通过收集整理并对客户详细资料进行深入分析，来提高客户满意程度，从而提高企业竞争力的一种手段。客户关系管理的核心是客户价值管理，通过"一对一"营销原则，满足不同价值客户的个性化需求，提高客户忠诚度和保有率，实现客户价值的持续贡献，从而全面提升企业盈利能力。

在信息量激增的大数据时代，DTC 品牌独立站如果没有精力，或者说找不到正

确的方法去辨别和触达所有目标受众,则无法——进行追踪与沟通,从而实现私域流量的沉淀。这时,就需要特别重视 CRM 系统所能实现的"用户画像"功能。

用户画像又称用户角色,作为一种勾画目标用户、联系用户诉求与设计方向的有效工具,它可以根据用户的属性、用户偏好、生活习惯、用户行为等信息抽象出标签化的用户模型。标签是通过对用户信息分析而得出的高度精练的特征标识。用户画像的核心则是为用户打标签,即将用户的每个具体信息抽象成标签,利用这些标签将用户形象具体化。通过打标签,可以利用一些高度概括、容易理解的特征来描述用户,让独立站卖家更容易了解用户的需求、体验、行为和目标,认识到不同的人有不同的需求和期望,并识别出到底哪些用户对其产品感兴趣,从而有针对性地为之提供服务。同时,用户画像可以方便计算机处理,做好数据统计,通过对构思过程的引导,使 DTC 品牌的设计任务变得相对简单,能够为目标用户创造更好的购物体验。

然而,描绘用户画像所依赖的数据信息庞大而散乱,对于 DTC 品牌独立站而言,最经济高效的实现方式,便是利用 CRM 系统所积累的大量客户信息数据和其所具备的高效且精准的数据分析功能,来提炼用户画像。CRM 系统可以基于客户终端的位置信息以及网络浏览数据、网络搜索数据、网络互动数据和网络媒体数据等丰富的数据将客户进行分类统计,并为每个客户打上消费行为和兴趣爱好的标签。当客户数据积累到一定规模以后,CRM 系统便可以结合独立站的经营数据、行为数据、广告投放数据、产品生命周期数据等,再加上客户来源、采购偏好、历史订单、沟通进度等企业数据,搭建出完整的数字化模型,形成用户画像。根据用户画像所表达的信息,企业可以进一步了解客户行为偏好、需求特征和购买意向,并据此为客户提供定制化的服务,优化产品和定价机制,实现个性化营销和服务,提升客户体验与感知评价。同时,企业管理人员也可以通过由 CRM 系统的智能算法进行多维度筛选后所形成的用户画像快速精准地定位具有购买潜力客户、直观地辨别重点客户,增加对潜在以及重点客户的营销权重,从而提高销售人员的获客率和成单率,促进价值最大化。

在大数据时代背景下,用户画像所形成的用户角色不能脱离产品和市场而存在,它需要有代表性，能代表产品的主要受众和目标群体。所谓精准客户就是对于某产品或者某种服务需求意识比较强的人群，这类客户是企业收入的主要来源，因此挖掘更多的精准客户就意味着能给企业带来更大的效益。正因如此，DTC 品牌独立站需要改变"不在乎到底谁买了我的产品，只要买了就行"的传统观念，转而重视依据 CRM 系统做出的用户画像来为用户统计、精准营销、数据挖掘、产品服务、行业洞悉等业务环节提供决策支持。从可持续发展的角度来定位精准客户，DTC 独立站卖家可以考虑遵循这几个步骤。第一，明确自身的调性和发展方向。第二，利用各类工具做好前期的受众分析定位，得到初步的用户画像。第三，扩充线上流量来源，匹配线下渠道扩充数据，多维度地搜集用户立体画像数据。第四，结合推广数据进行分析，在对用户进行更细致的划分后，针对不同人群进行不同品类的 A／B 测试，同时注重与站内已消费的老用户进行沟通，收集反馈，形成用户洞察的闭环。

DTC 品牌独立站要确定并针对独特的客户群体进行营销，除了根据性别、年龄、地域、消费行为等特征进行广泛的统计归类之外，还需要进行全面的市场调查，以确定客户的确切愿望和需要解决的问题。例如，如果有几份调查分析报告显示，"千禧一代"比其他世代的人花费更多的时间在家庭和自我保健上，那么这样的信息则可帮助 DTC 品牌调整宣传基调和营销策略，以便与目标受众产生共鸣。换句话说，利用 CRM 系统生成用户画像，还有助于建立客户与品牌业务的精准匹配，轻松满足客户的需求，全面实现独立站的精细化运营。Express Inc.（EXPR.US）旗下的 UpWest 诞生于母公司风雨飘零之际，是瞄准"Z 世代"群体所推出的 DTC 品牌，产品线包括毛衣、夹克、休闲服和睡衣，精油、美容和 CBD 健康产品，以及水晶、蜡烛等家居用品，价格从 12 美元到 188 美元不等。UpWest 希望通过崭新的方式，为 Express 注入更多活力。所以，它给自己创建的用户画像是体验 JOMO（Joy of Missing Out）"错失的乐趣"而不是更常见的"错失的恐惧"的人，并以此为重点进行 JOMO 营销，给消费者带来了新鲜而难忘的体验。这种近乎革命性的姿态，为其销售个人护理产品和休闲服饰带来了成功。

可见，用户画像的使用场景广泛，主要目的是提升营销精准度、推荐匹配度，而其终极目标则是优化产品服务，提升企业利润。用户画像适合于各个产品周期：

从新用户的引流到潜在用户的挖掘、从老用户的培养到流失用户的回流等。因此，DTC 品牌独立站的运营者需要积极在站内积累用户画像，收集进入站点的用户的兴趣偏好、浏览习惯、购买记录、邮箱社媒信息等，方便之后利用这些数据有针对性地进行二次营销。

众所周知，开发一个新用户的成本比维护一个老客户的成本要高得多。有调查显示：与保留现有买家相比，转换全新潜在客户的成本要高出 5 到 25 倍。此外，仅在客户保留上投入 5% 就可以将利润提高至少 25%。DTC 品牌独立站卖家应该将老客户的维护和管理作为客户关系管理的重中之重。而"二次营销"则是一个行之有效且必不可少的手段。二次营销成功与否，在很大程度上依赖于品牌自身的 CRM 系统，也往往得益于在销售后保持顾客的参与度。事实上，一笔来之不易的交易完成后，卖家维系客户关系，并让他们满意和忠诚的真正工作才刚刚开始。在完成销售后给予客户关注，为其提供后续的支持和资源，让他们知道 DTC 品牌企业是真的重视他们的需求——而不仅仅是他们的钱包。例如，室内植物卖家 Bloomscape 从 2017 年开始在网上销售产品时就意识到了在销售后保持顾客的参与度这种 DTC 营销策略的重要性，公司在 YouTube 上注册了官方账号，发布了非常丰富的视频内容，并提供专门的培训工具，以指导消费者在购买后如何正确养护全新的植物。大多数 DTC 品牌独立站往往只在线上经营，相比大型零售商能提供线下服务，线上途径才是它们营销的"主战场"。由于购买途径有限，DTC 品牌的消费者流失率也相对较高，为了改善这种情况，独立站卖家一定不能忽略已购买产品的客户的后续需求，要持续跟进，保持与客户的有效联系，尽快促成二次销售，培养客户忠诚。毕竟，Bclinked 的研究数据表明：向现有客户销售成功的概率为 60%-70%，而向新潜在客户销售成功的概率仅为 5%—20%。

能有效落实售后客户维系并提高用户参与度的措施主要包括：发送明信片或便条等表达个性化的感谢；将产品或服务与附加组件配对或交叉销售以改善客户体验；提供产品培训资料和支持服务；用新奇有趣的环保包装引导客户发布开箱视频；寻求用户产品使用感受和改进建议的反馈；快速大方地修复错误并简化退换货流程；通过福利、折扣、免费商品或抢先体验新产品来奖励客户忠诚度并鼓励回头客；投放以生日、节假日等活动为中心的优惠；请求用户向朋友、家人以及社交媒体分享并推荐使用感受良好的产品。

DTC 品牌独立站将其 CRM 策略的实施重点聚焦于用户画像和售后客户维系，可以通过科学化的数据管理，充分挖掘客户购买行为喜好和规则，深度认识目标客户，不断完善客户模型，实现个性化的客户服务，以提升客户的满意度和黏性，减少目标客户的流失，延长与客户之间的合作周期。

五、DTC 品牌独立站的支付策略与供应链协同

资金流和物流是电子商务的两大支撑体系，对跨境电商 DTC 品牌独立站运营而言，也不例外。

（一）支付策略

支付，是消费者购物之旅的"最后一公里"，在很大程度上决定着零售商业行为的成败。它就像一把双刃剑，用得不对可能成为 DTC 品牌独立站出海的掣肘，运用得当则是驱动其全球业务增长的关键引擎。对入驻第三方跨境电商平台的卖家而言，支付只是平台内嵌的基础功能模块之一，并不需要过多地去关注。但是，在独立站模式中，商家需要直接向消费者收款，业内称之为"收单"。收单以及提供收单服务的专业支付服务商，构成了独立站支付链条上最核心的一环。来自 Adyen 的全球支付大数据显示：31% 的海外消费者会因为无法使用喜欢的支付方式而放弃交易或离店而去；25% 的海外消费者会因为结账过于烦琐而放弃购买；44% 的海外消费者只会在提供他们所偏好的支付方式的跨境电商网站进行消费。可见，支付环节通过直接影响消费者的购买决策对独立站出海业务产生着不容忽视的影响。

具体而言，支付环节主要通过三重价值赋能独立站出海：第一重价值，支付环节本身是构成总体消费体验的重要一环；第二重价值，支付有助于提高转化，优化拉新，驱动运营增长；第三重价值，支付为数据分析提供基础信息，反哺零售运营。也就是说，支付不仅仅是 DTC 品牌独立站出海必不可少的基础环节之一，更是其重要的差异化竞争力所在。所以，DTC 品牌独立站的支付策略的制定应该聚焦在以下

几个方面。

第一，重点关注海外市场的支付成功率与拒付率。支付成功率与拒付率是独立站支付运营的两大核心 KPI，对独立站的业务营收而言至关重要。《2022 年 DTC 品牌出海发展报告》中有数据显示，支付成功率（订单维度）超过 90% 的独立站商家占比只有 17%，还有较大的提升空间。而独立站支付的拒付率普遍在 0.5%—0.9%，拒付率低于 0.5% 的比例仅有 11.11%。优化两个指标有助于充分释放支付对独立站业务的赋能价值。影响支付成功率的因素可以大致分为用户主动取消订单、风控拦截订单、跳转流失订单和银行拒绝授权四大类。在整个独立站订单销售流程中，支付是完成交易的最后一个步骤，一旦出现问题，意味着前期的所有投入都打了水漂，独立站卖家损失的不仅仅是一笔订单，还包括该订单的引流成本和支付成本。此外，不是每一个客户在订单支付失败之后还会再次提交支付，如果独立站支付成功率较低还会严重影响该站点的用户复购率。对此，Stripe 大中华区总经理严峻强调，企业应该关注海外市场的支付成功率，"因为当支付成功率低的时候，其实是在丢钱而不是省钱"。假如支付成功率提高 1%，放在整个交易模型里面，企业整体的交易量就会产生巨大的差异，整个收入端会实现极大的增长。所以，找到支付成功率最高，而非支付成本最低的支付方式，对 DTC 品牌独立站的经营成效会有巨大的提升。目前，国外支付通道胜在更加成熟，支付成功率大多在 90% 左右，而国内通道成功率为 70% 左右。例如：连连可以达到 90% 以上；Stripe 能达到 95% 以上；Pingpong 能达到 85% 左右；Payoneer 达到 85% 左右；Oceanpayment 钱海能达到 95% 左右。当然具体的比例还与细分支付品类相关。目前，本地收单、智能路由、智能重试等方式或技术均可有效提升支付成功率，在选择支付伙伴时，DTC 独立站卖家可重点关注此类技术的服务能力。

第二，优化客户支付体验。DTC 品牌独立站中支付界面的设计与消费者支付环节的体验息息相关。有数据显示，如果独立站不支持消费者的常用货币计价，会直接导致弃单率增加至少 10%。因为消费者总是期望在第一时间了解中意商品的精确价格并进行心理换算性价比来衡量是否值得购买，如果使用外币计价，则会让其因害怕隐性成本以及汇率波动带来的价格差而最终取消支付或放弃订单。所以，独立站支付界面的功能设置、语言显示、计价货币以及支付货币的设定最好都能本地化，以熟悉感来增强信任感，促进客户转化。同样，世界上大部分国家都有常用的本土支付方式，根据独立站的消费者分布，选择本地化的支付方式也是十分重要的。比如在欧洲，除信用卡外，还有电子钱包、实时网上银行转账、传统银行转账等，如果独立站上没有购买者自己习惯的支付方式，也就意味着将有一半的可能性会丢失这个潜在客户。显然，在独立站支付环节提供本地支付方式能赢得更多的消费者信任；采用消费者熟悉的支付服务商也能优化客户支付体验。此外，值得一提的是，本地支付方式还有一个附带的拉新效应。越来越多的实践表明，符合用户偏好的本地支付方式直接影响着新用户的首次支付决定乃至回头复购。但是，在支付方式的选择上，也要考虑市场覆盖度的问题，一个覆盖度好的支付方式可以省掉很多麻烦。Stripe 大中华区总经理严峻说："选择支付方式的时候一定要考虑覆盖度问题，如果花很大力气接入了一个支付方式，几个月之后想再去别的国家，你发现这个支付无法延伸到其他地方，可能又得重新来一遍。"随着移动设备使用率的上升，为优化客户支付体验，DTC 品牌独立站还应该充分考虑其支付页面在各类移动设备上的适配性。《2022 内衣 & 运动服装出海行业报告》显示，2022 年，70% 的美国千禧一代消费者更喜欢在移动端进行消费付款。借记卡、PayPal 和信用卡是他们的在线支付方式，分别占 62%、50% 和 46%。BNPL（先买后付）成为后起之秀，越来越受到年轻人喜欢。2021 年，有 30.3% 的美国千禧一代在使用 BNPL，并预计在 2025 年上涨至 40.6%。所以，在做独立站营销时，基于移动设备的简洁支付流程能提高广告投放的订单支付成功率。独立站商家应该根据每个访客的访问路径来优化多设备下的线上购物流程。

　　第三，强调合规性与反欺诈。资金安全是 DTC 品牌独立站商家在支付策略上需要解决的核心问题。通常，一家支付公司想要合规合法地做跨境支付业务，就需要有国内外各地区的支付业务许可证和牌照。换句话说，支付牌照是衡量一家支付公司是否合规的重要指标之一。持牌支付公司对合规性有着严格的把控，不管是产品、经营模式还是交易都会有严格的审核、审查机制。独立站在提交支付账号申请时会经过多重审核，确保产品和业务在出海电子商务活动中的合规合法。在实际操作中，独立站卖家大多会面对全球多个市场，为了提高支付安全，可能需要与全球各个地区的当地收单行一家一家进行对接，此时不妨考虑与一家在全球多个地区都有支付牌照的合规收单行进行合作，一次对接就可以上线不同海外市场的支付，同时也能在最大程度上规避资金风险。另外，对于印度、中东、拉美和东南亚等跨境电商发展的新兴市场，DTC 品牌独立站运营者还要注意考虑当地的金融法规，确保资金能够安全回笼。资金安全性存在于交易结算的全过程，既涉及消费者的资金安全，也包括独立站卖家的资金安全。除了合规性，在支付环节为了保障资金安全，DTC 品牌独立站还要强调反欺诈。支付欺诈是独立站卖家最头痛的问题，没有之一，欺诈率过高会直接导致商户账户关停。诈骗者会利用商户的风控和管理漏洞，通过各种"巧妙"的方法获利，不论是非法获得商品，还是直接获得钱款，电商生态链中终有一方会蒙受损失。如果卖家不关注支付欺诈或者没有足够的人力去处理支付欺诈问题，可能会导致非常严重的后果。对于商户来说，收到真实持卡人的拒付，承受的是货品价值加上获客成本的损失；商户拒付率过高，也会造成商户在卡组面前失去信誉，受到卡组的罚款，甚至被加入黑名单。不但影响当前正常业务的进行，还会影响到未来的生意拓展。据数据分析公司 LexisNexis 在 2021 年的报告中统计，美国商户每受到 1 美元的诈骗，实质损失会达到 3.6 美元。所以，在反欺诈问题上，跨境独立站卖家首先要在营销推广时提供真实有效的优惠信息，确保实际订单与营销活动相符；其次要提供便捷的顾客服务，便于客户售后问题的处理；再次要在独立站内提升、优化消费者身份验证手段，如手机号注册等。但是，过于严苛的风控门槛，也会在无意中拒绝掉一部分潜在的优质消费者，例如添加多重身份验证等，DTC 品牌独立站卖家需要在两者间找到平衡。

【相关链接】

独立站商户应该如何宏观地看待支付成功率？（节选）

经济学播客 Planet Money 邀请了网络安全专家 Nina Kollers 来讲述自己一次线上购物的亲身经历。Nina 需要储备一些胶囊咖啡机用的咖啡胶囊，她在某个电商平台上发现了价格显著优惠于品牌官网价格的节日礼包。可能是多余的赠品？临期产品？虽然觉得价格有些蹊跷，她还是下了单。

几天之后，两个精美、有品牌包装的包裹，出现了在她门前。包裹里不仅有她购买的咖啡胶囊，居然还有一台咖啡机。

可是 Nina 并没有下单购买这台咖啡机。

Nina 作为网络安全专家的职业嗅觉让她并没有为捡到便宜感到高兴，她觉得事件非常可疑。她打电话给品牌官网的客服。客服查到了她名下的订单，而且显示所有货品都被全款支付。

客服对 Nina 的诉求不思其解——你的订单没有任何问题呀？

Nina 依然疑惑——可是我从来没有为那台多余的咖啡机买单啊？

Nina 遇到的，是一种经典的电商诈骗——Triangulation Fraud——三角骗局。骗局的原理是诈骗者在电商网站上以低价上架商品，吸引消费者购买。消费者下单后，诈骗者用盗取的信用卡信息在品牌官网上以消费者名义购买相应商品，直接寄往消费者的地址。

这种骗局有一个得天独厚的优势——骗局中的任何一方都没有极大的动力来拆穿这个骗局。

消费者：按时收到了商品，有时还有物超所值的"惊喜"。

发卡行：收到真实持卡人的拒付后，把拒付责任转移给商户。

欺诈者：因为商品被寄到了消费者手中，欺诈者无法通过地址被追溯，则轻松地逃之夭夭。

商户：此类受欢迎的商品往往来自规模较大的品牌。品牌内运营、客服、风控等部门流程隔离，缺少最终责任人把事件查个水落石出，进而成为最终的受害者。

由此可见，越是受欢迎的产品，越是容易受到不法分子的利用，成为获利的工具。所以，随着产品销量的增长，商户并不能只持续关注支付成功率的正向增长，而要宏观地去看待支付成功率，找到适合自己的安全与增长的平衡。

（资料来源：https://www.163.com/dy/article/HM5HEP1S053870Q5.html）

目前，国际上独立站使用到的主流收款方式包括以 PayPal 为代表的电子钱包，以 Stripe 为代表的信用卡收单渠道，以及 COD 货到付款。无论哪一种都要注意以上提到的几个方面，以便 DTC 品牌独立站打造安全、稳定、高效的支付策略。当然，如果独立站自身没有能力或者没有精力很好地解决支付环节的问题，在 Shopline 支付总经理彭魁峰看来，最好的办法就是"把专业的事交给专业的人来做"，找到合适的合作伙伴，即合适的支付供应商。毕竟，支付并不是一个简单的事情。支付能力是 DTC 品牌独立站打开海外市场的第一把钥匙，能否提供更加全面的支付选择、流畅的结账页面和稳定的支付成功率，都将影响到消费者的购物体验、商户的订单转化率和销售额。

（二）供应链协同

供应链（Supply Chain）也称为需求链（Demand Chain），是指围绕核心企业，从配套零部件开始，制成中间产品以及产成品，最后由销售网络把产品送到消费者手中的，将供应商、制造商、分销商直到最终用户连成一个整体的功能网链结构。换句话说，供应链是指产品生产和流通过程中所涉及的原材料供应商、生产商、分销商、零售商以及最终消费者等成员通过与上游、下游成员的连接（linkage）组成的网络结构。

由此可见，在跨境电商行业，供应链应包括制造商、供应主体、物流企业、仓储、分销，以及国外消费者等各个环节。对于 DTC 品牌独立站运营者而言，供应链作为中枢纽带，连接着消费者和供应商，DTC 的核心则是要求品牌卖家要手握两端，一端掌握好供应链，另一端要和消费者直接接触。日本和德国有很多小工业品店，它们能够存活几十年几百年，很大程度上都是因为其产供销都在自己手上。事实证明，强而有力的供应链不仅能够在数量和速度上满足库存的需求，还能满足消费者更加多元化的产品需求，从而提升独立站卖家的核心竞争力。然而，据 ACG 全球公司研究，自 2020 年以来，全球有 41% 的跨境卖家被供应链困扰，却仅有 18% 的企业有解决困难的能力。可见，想要拥有供应链优势并不是一件容易的事情，那么独立站卖家到底该如何优化供应链呢？从打造"爆款"的经验总结中可以看到，爆款不仅仅是产品本身，它代表着一种供应链协同思维；而这种协同体系、则是产生爆款的生态环境。爆款不是销售之后的大数据，它关注的核心是人，是通过整个供应链协同体系证明"是否占领了潜在客户的心智"。

供应链协同是供应链中各节点企业实现协同运作的活动。包括树立"共赢"思想，为实现共同目标而努力，建立公平公正的利益共享与风险分担的机制，在信任、承诺和弹性协议的基础上深入合作，搭建电子信息技术共享平台及时沟通，进行面向客户和协同运作的业务流程再造。供应链协同的外在动因是为了应对竞争加剧和环境动态性强化的局面；而其内在动因则包括：谋求中间组织效应，追求价值链优势，构造竞争优势群和保持核心文化的竞争力。供应链协同的最终目的在于有效地利用和管理供应链资源。如果说供应链管理打破了企业的边界，将供应链上的各个信息孤岛连接在一起，形成完整的业务链；那么供应链协同则是加强了企业间的合作关系，建立了企业间一种双赢的业务联盟，以共同追求利润的最大化。目前，供应链协同主要有三种运营模式：VMI、JMI 以及 CPFR。

VMI，英文全称"Vendor Managed Inventory"，意为供应商库存管理，是通过供应商共享客户的库存数据，并维持客户所需要的库存水平的一种优化供应链的方法，其核心思想是供应商通过共享用户企业的当前库存和实际耗用量，根据补货策略进行补货。VMI 模式改变了原有的各自相对独立的预测模式，减少了不确定性所导致的商流、物流、信息流的浪费，降低了供应链总成本。这种库存管理策略打破了传统的各自为政的库存管理模式，体现了供应链的集成化管理思想，适应了市场变化的要求，是一种新的、有代表性的库存管理思想。

JMI，英文全称"Jointly Managed Inventory"，意为联合库存管理，是一种在 VMI 的基础上发展起来的，上游企业和下游企业权利责任平衡和风险共担的库存管理模式。JMI 是解决供应链系统中各节点企业相互独立库存运作模式所导致的需求放大现象，提高供应链同步化程度的一种有效方法。JMI 模式的实质是在联合库存控制管理下，强调双方同时参与，共同制定库存计划，使供应链过程中的每个库存管理者（供应商、制造商、分销商）都从相互之间的协调性考虑，保持供应链相邻的两个节点之间的库存管理者对需求的预期保持一致，从而消除了需求变异放大现象。

CPFR，英文全称"Collaborative Planning Forecasting and Replenishment"，意为协同计划、预测与补给，是一种面向供应链的新型合作伙伴策略和管理模式。通过共同管理业务过程和共享商业信息来改善供需双方的伙伴关系，提高预测的准确度，改进计划和补货的过程和质量，最终达到提高供应链效率、减少库存和提高消费者满意程度的目的。CPFR模式既是一个概念，也是一个软件系统，即整个概念和模式是通过一套软件系统的运行来实现的。其目的是使供应链中的成员能够利用它实现从零售商到制造企业之间的功能合作，显著改善预测准确度，降低成本、库存总量和现货百分比，发挥出供应链的全部效率。

在此基础上，具体到DTC品牌独立站优化供应链并落实供应链协同的实际操作中，可以着重从以下几个方面来考虑。

第一，优选垂直类目。从粗放的爆品模式向精细的垂直模式转变，这是独立站运营整体开始趋向正规化、理性化运作发展的信号。如前文所述，垂直模式是独立站对特定行业、细分市场以及垂直类目的精细化运营，以差异化定位和独特的品牌附加值作为切入点，针对场景化、圈层化等细分需求打开受众面，深耕供应链、产品、售后服务与用户积累，以此来打造专业和高性价比的站点体验。深挖供应链，注重精细化运营，这是垂直电子商务的优势。换句话说，优选垂直类目来经营，DTC品牌独立站才能集中优势资源来熟悉一个品类和行业、把事情做得更细致、持续不断地优化每一个环节，为达到供应链协同的预期效果奠定基础。但若是所选择经营类目过多，且跨度较大，不但供应链本来就杂乱，而且从主观上来说，独立站也很难有足够的精力逐个去熟悉和优化，就更谈不上协同了。未来，优选垂直类目进行精细化运营将会是DTC独立站的核心打法，这也是独立站实现供应链协同，以便带来更好的用户体验和经济效益最大化的有效途径。

第二，有效的供应商管理有助于形成高度协同。相比选品、信息流、资金流等因素，以产品流为本质的供应链是最难短期改善的部分，唯有选择优质的供应商并进行有效的管理，与之保持深度的合作关系，才能较好地解决供应链协同的问题。大部分独立站卖家为了保证货源的稳定，往往会选择搬到货源地附近创业。万一合作的供应商供不上货，在货源聚集地也更容易找到替代对象。如果不想背井离乡，大可以选择本地具有优势的产品，走核心工艺本地化的道路。一旦出现问题，也能够及时处理，否则鞭长莫及，容易贻误时机。在有效管理供应商方面，SHEIN 是很有发言权的。目前广州番禺区共有 300 多家核心供应商和 1000 多家普通供应商为 SHEIN 服务，合作模式包含 ODM、OEM、OBM 和 VMI 四种，其中前三种模式针对成衣供应商，VMI 模式则适用于具备小单快返、以销定结的非成衣品类商家。根据 2021 年 SHEIN 供应商招募计划，FOB 供应商货期要求 7-11 天、每批单量 100-500 件；ODM 厂商货期要求 10-15 天，同时进行严格品控，将次品率、上新成功率纳入 KPI 考核指标。供应商按照采购金额和 KPI（主要针对速度和质量）进行排序，由高到低分为 S、A、B、C、D 五个等级。考核结果将影响采购价格、上新额度等，对于 S 级、A 级商家（目前占比约 10%—15%）平台将保证其 8%—12% 利润率，并给予更高上新额度；而 D 级末位 30% 的厂商将被淘汰。此外，SHEIN 还在账期短、稳定的单量、无库存风险和补贴优惠四个方面给予供应商多维赋能，以留存 S 级和 A 级的优质商家。（资料来源：https://baijiahao.baidu.com/s?id=1747247602157946502&wfr=spider&for=pc）

此举，不但让 SHEIN 掌握了极强的议价权，有效地控制了供应端成本，还优化了供应端的各个节点，为供应链协同打下了坚实的基础。

【相关链接】

DTC 和中国供应链的胜利

近日,全球最大跨境电商童装 DTC 品牌 PatPat 正在考虑 IPO,其估值可能在 30 亿美元。而这家全球最大的童装 DTC 品牌创始团队来自中国,它是一家利用中国供应链体系而成功的优秀企业。自 2014 年起,PatPat 融资多轮,累计获得超 8 亿美元的融资,投资方包括软银集团、DST Global、SIG 海纳亚洲、红杉资本等投资机构。当前,PatPat 用户规模超过了 3000 万,年销售额增长率超过 100%,用户推荐指数排名第一,覆盖超过一百多个国家和地区,成为全球用户数量最多且增长最快的童装品牌。

PatPat 是中国 DTC 品牌独立站出海的头部玩家之一,直接面向消费者进行营销,价格定位适合大众,具有丰富的 SKU 和极快的上新品速度(目前每日上新 1600 多个)。而丰富的 SKU、超低的价格和极快的上新速度,很大程度上依赖于中国的供应链。

2015 年 9 月,PatPat 被推到了苹果 App Store 的首页,这波推送为 PatPat 带来新一波的用户和订单量增长,但订单量猛增让整个供应链崩溃。PatPat 创始人王灿曾坦言,"开始创业的时候,我们遇到了很多血泪史,很多问题出在我们的中国供应链上,从 2015 年开始被无数的供应商和仓库坑过。"但中国的供应链也让 PatPat 在海外市场具备了自身的优势,特别是"Save Big"。PatPat 的产品价格一般低于 15 美元,远远低于其他品牌的童装价格。举例来说,在 PatPat 上购买一件婴儿连体服,只需要 7.69 美元,然而其他品牌如美国品牌 Carters、Gapkids 则会贵很多。

在官网,PatPat 标榜自己是 M2C 的模式,即工厂到消费者的模式。在传统模式下,中国工厂先将货物销售给出口商,出口商再经跨境贸易将货物销售给境外品牌方,再到渠道商,然后零售企业,最后再向消费者进行售卖。而 PatPat 将四个中间商拿掉,打通了中间环节,商品直接从工厂送到用户手中,实现了 Direct to Consumer。因此 PatPat 直接省去了 80% 的费用,成本下降,商品定价自然降低。

从 2016 年开始,PatPat 就开始深耕中国供应链,相继在深圳、广州、杭州、佛山设立办公室,业绩突飞猛进。此外,PatPat 还在不断加强供应链整合能力,筛选优质供应商,加快产品的上新速度,将产品新款打造成一种优势。在 2019 年,PatPat 共有 800 多家供应商,而头部 KA 商家年销售额能达几千万美元。在 2020 年,PatPat 还聘请了云海先生刘明光作为PatPat供应链副总裁，进一步完善了PatPat的供应链系统。能成功搭建好供应链，在PatPat供应链副总裁刘明光看来，是因为PatPat的DTC模式，可以有自己的平台和销售渠道。

PatPat从未考虑过依靠亚马逊等平台进行卖货，一开始他们就考虑通过自家独立站进行销售，后来考虑到流量问题，在自有App和网页端同步开展营销活动。DTC的模式让PatPat对自身平台的商品更可控。一是他们可以利用自家算法来解决需求预测和库存等难题；二是他们可以根据用户行为，快速对产品样式进行调整，而更加了解用户，也让他们能够提供更好的服务，更好地塑造品牌形象；三是对PatPat而言，比较重要的是"产品上新"。PatPat的诞生便是基于美国市场童装的款式少、价格高等问题。所以，产品款式多，上新快，也是PatPat定位的核心能力。如果基于第三方平台，快速产品上新会有很多的不便。另外，也是基于DTC模式，PatPat才有能力去打造相对更强大的供应链。
（资料来源：https://caifuhao.eastmoney.com/news/20220413173417544129940）

第三，数字化供应链管理系统。链长、串联、多节点是传统供应链的特点，然而链长导致响应速度慢、串联导致供应链易中断、多节点容易造成信息不对称等问题，阻碍了供应链协同的实现和发展，因而催生了供应链数字化的需求。供应链之所以称之为"链"，意味着其少不了整个价值链上原料供货商、供应商、制造商、仓储商、运输商、分销商、零售商以及终端消费者等多个主体的参与，缺少其中的任何一环，都将无以为继。而这每一个环节的流程都很复杂，只有通过大数据赋能，进行数据一体化、系统化管理才能够帮助卖家理清各环节之间的关系，消除数据孤岛。换而言之，如果数字化程度低下，供应链各节点之间无法做到信息透明、资源利用效率低下，就更谈不上"协同"了。一个好的数字化供应链管理系统应该具备完善的供应商售后评价体系，通过供应链平台考核，去粗取精，提升整个供应链的竞争力；应该能够支持卖家在线寻找货源，实现从招募公告发布，到标书发布，供应商投标、线上开标、线上评标，中标结果通知的全流程管理及监控，使企业的寻源过程透明化、高效化且低成本；还应该具有包括招投标管理、合同管理、订单管理、付款管理等业务流程内外协同功能，以"在线协同交互"来给供应链提质增效。

第四,打造高效的全球化供应链物流。供应链物流是以物流活动为核心,协调供应领域的生产和进货计划、销售领域的客户服务和订货处理业务,以及财务领域的库存控制等活动,进行综合性管理的战略机能。除涉及采购、外包、转化等环节的全部计划、管理活动以及全部物流管理活动以外,供应链物流还包括了与渠道伙伴之间的协调和协作,涉及供应商、中间商、第三方服务供应商和客户。相较于国内供应链物流,跨境供应链物流涉及的环节更多,从下订单到上门揽收再到国内产业带前仓,再开始国内运输、国内清关,然后国际运输和清关配送,全过程中,国内外配送方完全不同,配送效率也各不相同。对 DTC 品牌独立站而言,要充分发挥中国供应链"灵动"的优势,提升物流履单时效,优化服务,就需要打造高效的供应链物流,并续不断地自我迭代,协同增效。但是,建站 SaaS 平台很少提供物流履约服务。意大利厨房品牌 Ausker 的生产工厂都位于中国,而收到的订单大多来自新加坡、澳大利亚等国家和地区,但其仓库却在意大利。新冠疫情之下,一套超过 10 公斤的厨具从意大利发出,每次配送成本都超过了 100 美元,这大大降低了 Ausker 的利润率,减少了其后续用于营销和产品开发的资金。于是,从未与不同的物流公司直接联系的 Ausker 开始寻找解决方案。最后,Ausker 找到了 NextSmartShip,将每批货物的运输成本降低了 40%。NextSmartShip 的创立者禹甜认为,独立站卖家是面向全球的,这就意味着他们需要在不同的国家找到当地不同的履约合作伙伴。此外,独立站卖家还有更多样的履约需求。禹甜举例说:"如订阅类型的卖家,需要定时配送,而众筹类型的卖家,发货国家较多,对时效要求相对较低,而是希望在一定的时效范围内将成本做到足够低,那么则需要更复杂的物流组合。而快时尚品类,SKU 非常多,每个 SKU 的生命周期很短,需要大量快速迭代,则最合适从距离供应链最近的地方发货,以此避免大量囤货。"可见,独立站打造高效的供应链物流,布局全球化的履约网络至关重要。

诚然,在新的增长周期下,中国制造的供应链能力与 DTC 品牌独立站模式的创新能力产生着正向叠加的乘数效应,但是,要打造更大范围、更高层次的供应链协同,就需要高效的全球化供应链物流作为支撑。大观资本北美首席代表徐瑞呈专注出海投资多年，他认为应该继续深挖供应链优势，做好品牌出海。这里的供应链，并非传统意义上的中国供应链，而是全球供应链，用好全球的资源，用好全球的供应链，在全球范围内寻求协同，就有可能斩获新的机会。"比如名创优品，在全球都有本地的供应链，印度有印度的供应链，北美有墨西哥的供应链，这已经超出了过去的中国供应链优势，而是全球供应链优势。"

第四章　DTC 品牌 SHEIN 独立站运营案例分析

SHEIN 公司是公认的跨境电商业内翘楚，它践行了一系列行之有效的 DTC 品牌独立站运营策略，值得新晋独立站经营者学习借鉴。

第一节 SHEIN 公司概况

一、认识 SHEIN

2008年,SHEIN公司的前身由刚大学毕业不久,曾就职于一家跨境外贸企业负责SEO的许仰天(《2022胡润全球富豪榜》上许仰天位列第492位)与两个合伙人在南京创立,名为南京点唯信息技术有限公司。2009年,许仰天带着团队做起了婚纱跨境电商。2012年,他放弃了跨境电商的婚纱生意,收购了一个域名为SheInside.com的网站,开始专注于海外时尚女装市场。创办SheInside两年后,许仰天在他仅有的一篇社交媒体公开帖子中写道:"公司发展迅速,拥有了五十多名员工!"2015年,公司更名为SHEIN,产品定位为"聚焦快时尚,为年轻人打造时尚优品",总部迁至广州,并在美国开设了办事处。

许仰天为人低调,从2008年创业开始,到互联网无孔不入的今天,外界鲜有他的消息,甚至连照片都很难看到。他既不出席活动发言,也几乎没有接受过任何媒体的采访。他所创办的SHEIN更是与之一脉相承,这家在海外超级火爆的DTC品牌独立站,在国内搜寻其发展历程,仅有如前文所述的只言片语。然而,一场疫情,将DTC独立站推到了风口浪尖,纵然许仰天和SHEIN刻意保持神秘,但显然,外界已经不允许SHEIN——这个中国神秘的百亿美元公司继续低调。

当传统电商巨头们在国内血拼厮杀、疯狂内卷的时候,SHEIN却瞄准了全球市场的蓝海,并快速跑马圈地,打下了一片江山。

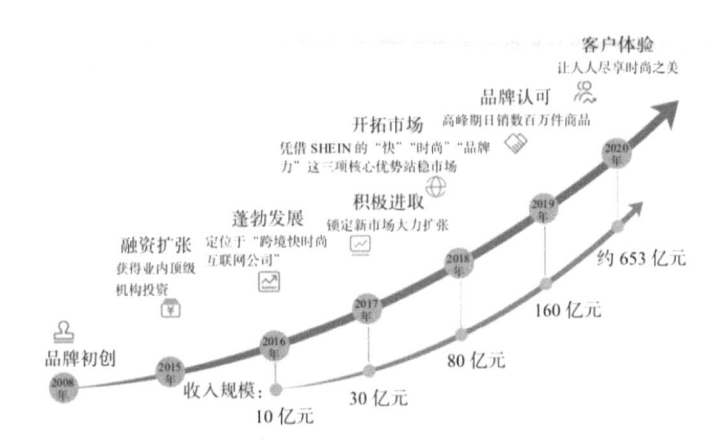

(图片来源：https://36kr.com/p/dp1718959154674692 砺石商业评论）
图 4-1 SHEIN 发展历程

从 2016 年营收 10 亿元人民币，到 2018 年的 80 亿元，再到 2020 年营收约 653 亿元，SHEIN 迎来了火箭般的蹿升速度，增速高达 189%。而同期，中国出口跨境电商年复合增长率为 15.6%。2021 年，SHEIN 营收约 1000 亿元人民币，折合 157 亿美元，这个数据已接近全球时尚服装界的霸主 ZARA（约 282 亿美元）。2021 年 5 月，凯度携手 Google 发布《BrandZ 中国全球化品牌 50 强 2021 报告》，并出炉"2021 年 BrandZ 中国全球化品牌 50 强榜单"，线上快时尚品牌 SHEIN 排名第 11 位，列于腾讯之前。根据最新媒体报道的数据，2022 年，SHEIN 有望提前完成 300 亿美金的销售收入。

目前，SHEIN 公司坐拥千亿营收，已经直接服务全球超 150 个国家和地区的消费者，在广州、新加坡、洛杉矶及其他主要市场都设有运营中心。每日在售可供选择商品 60 万件，涵盖服饰、鞋履、美妆、家居等多品类，并每日上新 6000 件新品。通过不断创新和提升服务水平，SHEIN 公司已经成功打造了一套覆盖全球多个国家和地区的无缝服务体系。据 Similarweb 数据显示，SHEIN 的网站流量在时尚和服装类网站的网络访问量中排名世界第一，且 Nike、ZARA、Macys、Lululemon 和 Adidas 都难以超越。此外，Addison Rae、Kate Perry 和 Lil Nas X 等一大批明星和网红都为 SHEIN 做过代言，SHEIN 走进了从美国到阿联酋每个"Z 世代"消费者的衣橱。

二、SHEIN 深受资本青睐

俗话说"资本是发展的动力",对 SHEIN 而言也不例外。早在 2013 年,SHEIN 便开启了它的融资之路。Crunchbase 的调查数据显示,截至目前,SHEIN 共完成了六轮融资(见表 4-1)。

表 4-1 SHEIN 的融资历程

轮次	时间	融资金额	投资机构
A	2013 年 12 月	500 万美金	集富亚洲
B	2016 年 7 月	3 亿元人民币	IDG 资本、景林投资
C	2018 年 7 月	数亿美元	顺为资本、红杉资本
D	2019 年 12 月	5 亿美元	Tiger Global、红杉资本
E	2020 年 8 月	数亿美元	未披露
F	2022 年 4 月	数十亿美元	General Atlantic、Tiger Global、红杉资本、顺为资本

完成了 F 轮融资,SHEIN 公司估值约 1000 亿美元,成为仅次于字节跳动(1400亿美元)和 SpaceX(1003 亿美元)的全球第三大电商。

可见,从一开始,SHEIN 的潜力和成长就吸引了众多投资机构的参与。三家早期的投资机构均是跨境电商的高手。集富亚洲投资过数字化全球支付与财资管理解决方案提供商寻汇 SUNRATE,景林则投资了与安克创新同属国内最早一批电源类跨境电商 AUKEY,并与字节跳动共同投资了"隐形独角兽"纵腾集团。IDG 资本更是不折不扣的跨境电商独角兽捕手。比如,它在 2016 年投资的安克创新已于 2020 年在深交所科创板上市,是第一家独立上市的跨境电商公司。如今,SHEIN 背后站着的是红杉资本、IDG 资本、顺为资本等投资界的"扛把子"。最近一轮融资,也是由大名鼎鼎的 General Atlantic 领投。

资本的嗅觉是敏锐的,同样作为头部跨境电商出海标杆品牌的安克创新近期却不被市场看好,其市值从巅峰时期的 800 亿元人民币,一头扎下,持续下滑到现在的 300 亿上下,与同期估值达到 1000 亿美元(折合人民币约为 6362 亿元)的SHEIN 存在着几何级的差异。在资本看来,SHEIN 的价值不仅在于它卖出了多少服装,销售额有多高,更重要的是它自身的"内核价值"——拥有一个触达用户的独立的、自足的入口。

从用户的触达方式上看，跨境贸易经历过几个阶段。最早是广交会时代，中国商家和国外商家通过广交会这样的场合实现信息互通，达成合作，产生交易；然后是阿里巴巴时代，从中国黄页到阿里巴巴，马云最初做的就是"网上广交会"；再往后进入SEO（搜索引擎优化）和eBay、Amazon时代，中国商家在国外网站开店，通过投放广告、优化ROI的流量模式做生意；而SHEIN则是直接进入了第四个阶段，即自建独立站模式——企业自己建立网站，自己运营用户。如果说企业在第三个阶段是获客为先、流量效率为先，那么SHEIN的模式就是留存为先、延长用户生命周期为先。流量思维的计算公式是流量 × 转化率，留存思维的计算公式是CAC/LTV。这是两种不同的经营思路，企业不能仅仅买流量、提升转化率，而是要以数据为基础，深入洞察用户行为，做出预测来指导经营。企业唯有自己建站，将用户留在自己这里，才能拥有数据。

所以，换而言之，相比第三方跨境电商平台，资本更看好拥有"不会被轻易掐脖子的用户入口""高黏性的用户工具属性""智能化供应系统"和"品牌心智认知"等优势的DTC品牌独立站。这也是SHEIN公司能够获得充裕的资金支持，并得以在全球范围内持续扩张的基础所在。

第二节 DTC 品牌 SHEIN 的独立站运营解析

"你知道 SHEIN 吗？你用 SHEIN 购买服饰吗？"——在一个 YouTube 的街头采访里，10 位海外女性受访者中，只有一位表示没听说过 SHEIN，其他人全部表示知道 SHEIN，或有过在 SHEIN 独立站（见图 4-2）上购买服饰的经历。

图 4-2 SHEIN 独立站首页

背靠中国供应链、在国内市场名不见经传，却在国外红透了半边天，成立之初就建立了独立运营站点的 SHEIN 俨然已经成为 DTC 品牌独立站行业的标杆。

一、SHEIN 的定位

"she"和"in"组成的名称 SHEIN，与公司的业务特征高度契合。SHEIN 就是一家以跨境电商为主营业务，主要受众为年轻女性的跨境快时尚 DTC 品牌独立站。年轻女性群体对服饰的设计、风格要求较高，同时又希望价格尽量优惠，据此，SHEIN 将极致的性价比和极快的上新速度打造成了自己的特色定位。如果要用几个词语来形容其优势，那就是"多快新省"，即品类多、上新快、款式新、价格低，正因如此，SHEIN 甚至被业内戏称为"线上低配版 ZARA"以及"海外版拼多多"。

从公司发展历程来看，SHEIN 以快时尚女装为最初定位，以裙装作为第一品类切入女装市场，站稳脚跟后开始发展服装大品类，涵盖女装、裙装、上装、下装等多种女性服饰。随着市场不断发展，针对不同人群，SHEIN 切入泳装和大码服装等细分人群品类，随着市场占有率不断提高，公司品类不断扩充，又进一步覆盖到了男性、女性和儿童三大用户人群市场，同时衍生出美妆、家居、宠物等相关产品线，以期最终发展成为一个全品类，覆盖所有用户人群购物需求的一站式跨境电商平台。当然，在目前，快时尚女装依然是 SHEIN 的第一大类目。

在品牌定位上，SHEIN 把握得也相当精准，将作为目标市场的"Z 世代"年轻女性的"画像"描摹得惟妙惟肖。她们追求时尚、个性、性价比高的服装，且受网红和社交媒体的影响较大。据此，SHEIN 定下了"人人尽享时尚之美"的品牌理念，即让普通人也能买到有设计感、有品质、有潮流感的服装。可见，在"有意义、差异化、突出性"这品牌力的三大要素上，SHEIN 都体现出了强大的实力。

SHEIN 一直以来增长极快，但行事又极其低调，成为资本圈炙手可热的"中国最隐秘的跨境电商独角兽""闷声发大财的代表"……SHEIN 如此隐匿自己的定位和选品，其实是遵循了独立站的"黑暗森林法则"。在小说《三体》中，有一个"黑暗森林法则"的概念，即在宇宙中，一个文明被曝光后，也将成为这个文明的末日，因为其他的文明基于生存，会想办法将这个文明灭绝。简而言之，黑暗森林中需要保持低调才能活下去。独立站也是同样的一个生态，因为独立站在定位选品上有很大的随机性，甚至有的经营者只是基于幸运，才选对一款产品。如果贸然泄露，相当于把自己的底子暴露给了其卖家。别的卖家知道后，可以通过模仿和广告优化，迅速把你的独立站竞争掉。所以，做独立站的新手会发现，很少会有业内的朋友告诉你自己定位在哪里，在做什么品类，除非他们已经做得非常大了，正如现在才曝光在国内大众视野中的 SHEIN。

二、SHEIN 的营销推广

跨境电商，流量为王，而独立站创立之初是没有流量的。作为一开始便以独立站模式出海的 SHEIN 而言，对此有着非常深刻的理解。

前文所提到的 SEO 优化、社交媒体广告投放、KOL 和 KOC 双管齐下等站外营销推广策略中，SEO 优化简直是 SHEIN 刻在骨子里的基因，因为这是公司创始人许仰天的老本行。此外，SHEIN 敏锐而幸运地以先发优势抓住了历次互联网的流量红利，用较低的成本完成了早期的流量积累。

2000—2011 年：Google 的 SEO 下可以通过自建网站，结合对 Google 网页排名规则的理解和技术手段迅速提升网站排名，获取网站搜索结果位于前列的巨大免费流量。创始人许仰天做 SEO 起家，深谙流量的重要性及打法，帮助 SHEIN 成功收获了第一批流量红利。

2005—2012 年：Google AdWords 关键词搜索广告早期成本很低、竞争较小，一些能够用关键词清晰描述的商品（如婚纱、3C 配件等）在 Google 广告方面有很好的表现。SHEIN 前期经营婚纱，后转向白牌女装，充分利用了 Google 搜索广告引流。

2008—2021 年：以 Facebook 为代表的社交媒体带来了社交营销红利。一方面可以通过广告引流——Facebook 广告能够精准定位用户、广泛覆盖全球近 20 亿用户；另一方面通过网红带货——社交平台 KOL 种草推广模式刚刚起步、流量费较低，且粉丝数众多效果较好。SHEIN 是最早一批在 Facebook、Instagram 等社媒上营销推广的 DTC 品牌。

如今，各种站外引流渠道的费用水涨船高，但是 SHEIN 得益于独立站可打造私域流量池的优势，已在前期的互联网流量红利中沉淀出了不少自有流量。虽然，目前 SHEIN 依然还在站外付费引流，但是其 DTC 品牌及独立站的用户认知度，已然足够支撑其高速、独立成长。互联网分析公司 SimilarWeb 有数据显示，SHEIN 网站桌面端流量中，自然流量达 60% 以上，其中直接访问流量占比接近三分之二（见图 4-3）。在自然搜索中，有 94.34% 的自然搜索来自 Google，且直接搜索"SHEIN"这个品牌词的占比接近 60%（见图 4-4）。这意味着，至少过半的用户都是直接访问 SHEIN 官网；或者是通过 Google 搜索 SHEIN 品牌词直接访问该独立站。

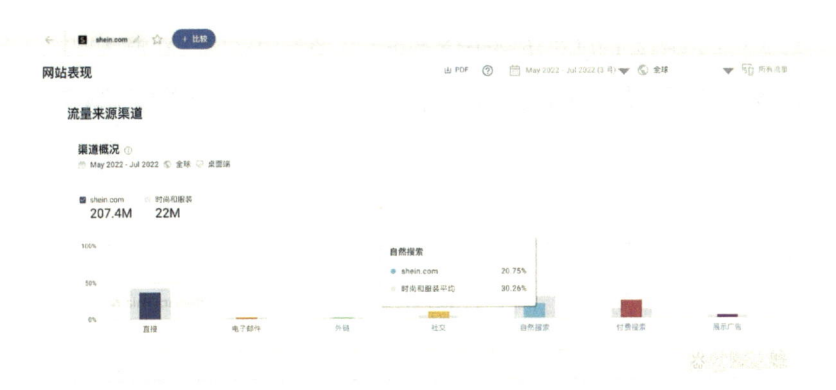

（图片来源：https://baijiahao.baidu.com/s?id=1751396966508362017&wfr=spider&for=pc）

图 4-3 SHEIN 桌面端流量来源

（图片来源：https://baijiahao.baidu.com/s?id=1751396966508362017&wfr=spider&for=pc）

图 4-4 SHEIN 自然搜索概况

可见，SHEIN 的营销推广策略十分清晰：从搜索引擎到社交媒体再到独立站及移动应用的全渠道用户触达和激活。"留存为先"不单单是将用户留在自己的站点上，而是在全渠道上与用户产生交互。不同网站之间的数据有一定的互通性，它们将同一批用户数据化，共同运营用户。

不可否认的是，社交媒体触达用户的效率无疑是最高的。SHEIN 在 Facebook、Instagram、TikTok 等海外主流社交平台均注册了官方账号，积极开展 UGC、PGC 内容营销。2021 年，SHEIN 当选为在 Instagram 被提及次数排名第三的品牌。2022 年第一季度，SHEIN 在 Instagram 全球页发帖 900+ 次，互动数达 1700 万 + 次。有数据统计，2022 年 SHEIN 在 Facebook 粉丝超 2500 万、Ins 粉丝超 2300 万。在名为"SHEINinspo"（意为 SHEIN 精神或 SHEIN 主义）的话题下，成千上万的女孩在分享她们的 SHEIN 穿搭；在 YouTube 搜索 SHEIN，也可以发现大量视频博主分享她们在 SHEIN 上购买女装的经历，测评衣服的上身效果和性价比。所有这些行为，让 SHEIN 水到渠成实现了 KOL 和 KOC 双管齐下的营销策略，甚至有些是口碑相传，成为免费的品牌宣传者。如今 TikTok 也成为它的主阵地，截至 2022 年初，有着 SHEIN 标签的视频在 TikTok 上的播放量已经超过 200 亿次。在享有免费流量，降低流量成本之外，SHEIN 同样也做了许多付费的广告投放，以进一步提升品牌曝光率和流量的转化率。据 Brand Total 统计，2021 年第三季度，SHEIN 付费广告投放 SOV（品牌曝光度）高达 94%，远超同类公司，品牌知名度得以大幅提升；SHEIN 的优质广告设计也提高了点击率、降低了点击成本。

为了将用户导入自有站点，SHEIN 也花费了不少的心思。比如，SHEIN 在亚马逊上也开店。以 SHEIN 品牌的裙装为例，亚马逊店铺中的商品均价是 20 美元，而 SHEIN 独立站的商品均价是 15 美元，如果叠加上平台的优惠券，商品均价还可以降到 13 美元左右。用户会感知到如此巨大的价格差距，进而改变自己的购物选择。这也是 SHEIN 重视站内营销转化的一种体现。出于对前文所提到的独立站运营逻辑——引流→存留→转化的深刻理解，SHEIN 在独立站内 Gals 社区组织主题竞赛、返券积分，以此来鼓励用户发布评价、积极互动，从而提高用户参与感和消费黏性；在主页的明显位置展示促销活动，刺激用户消费，并通过发放折扣券、积分抵现金等形式达成循环复购,以此来延长用户消费生命周期。目前,SHEIN 独立站用户访问的平均停留时长在 8 分 36 秒,已高于任何美国时尚品牌网站,跳出率也不到 40%,说明站内的营销推广策略已见成效,成功吸引住了用户,为后续转化奠定了良好的基础。

三、SHEIN 的多渠道销售

前文中提到,多渠道销售策略的核心是在客户最活跃的地方触及潜在受众并满足其需求。这是一种就地实现转化的思维,需要 DTC 品牌独立站改变只有将流量吸引到站内才能再加以引导转换的观念,要准备好在消费者所在的任何地方进行销售。SHEIN 的举措也很明显地反映了它对这方面的重视。以它在 Instagram 上的布局为例。在 Instagram 搜索 SHEIN 后可以发现,它除了拥有官方 Instagram 账号(名为 SheIn_official)之外,针对不同的国家和地区,甚至不同的服装品类,也都有官方的社交账号,例如 SheIn_US、Shein_kids 等。这所有账号下的粉丝加起来,也就是说只是在 Instagram 上,来自世界各地的 SHEIN 粉丝总量就达到了令人叹为观止的 1 亿。更重要的是,在这所有的 SHEIN 账号中,均可以通过点击一键直达 SHEIN 独立站的商品网页,直接进行购物下单。

随着网红营销逐渐商业化、流量成本增长,SHEIN 又推出联盟营销计划,在网红营销基础上通过价格更低、见效更快的"素人"(类似于 KOC)联盟发布推广贴,按点击数量或销售额向其支付 10%—20% 的佣金,以此带来更多引荐流量和更直接的收入增长。SHEIN "网红 + 联盟"的营销模式对品牌知名度的提升、流量和销售额的增长实现了全面覆盖,还使参与到联盟计划的粉丝因增强互动、获得更多返利而与品牌更深度地绑定在一起。另外,短视频带货在国内风头已经不如前两年强劲,但在海外却方兴未艾。SHEIN 敏锐地察觉到了这一点,紧紧抓住 TikTok 的流量红利期,以高额的佣金和奖励吸引全球的网络红人,不断地扩大 SHEIN 的品牌知名度。同时,采用热门视频和直播带货双管齐下的方式,提高客户的转化率和复购率,以沉淀自己的私域流量池。以庞大的社群和已有粉丝为基础,不断挖掘能引发用户共鸣的内容，同时辅以相关商品编号或购买链接，促进内容的进一步转化是 SHEIN 实现多渠道销售的路径之一。

此外，当 DTC 品牌独立站已经获得了相当多的本地消费者的认知、兴趣和偏好之后，则可以考虑在合适的时机开展线下营销，不要畏惧营销模式的线下化，让消费者获得更直接的产品体验。在此思路的引导下，SHEIN 除基于各地差异化的大促节点开展线上购物节活动之外，还大力拓展楼宇、公交等线下广告渠道，并推出快闪店以实现线上线下的联动。

【相关链接】

SHEIN 开启电商线下店新模式

如果说 SHEIN 的在线运营和推广模式不算 SHEIN 首创，那么接下来要与大家介绍的 SHEIN 快闪店，应该可以让大家看到这家公司在运营方式与捕捉市场趋势方面的精准性。

应该是同样受到西方国家疫情后消费者在线消费意愿减退的影响，SHEIN 于 2022 年 7 月在加拿大多伦多首先推出了第一家线下快闪店。

SHEIN 快闪店详解：

1. 所谓快闪，就是时间只有三天（周五、周六、周天）

2. 地点是在多伦多市中心的一个商场内

3. 开始当天，SHEIN 请了 DJ 现场打碟

4. 客户下单后，将在现场获得 SHEIN 赠送的四个精美礼品，并可以免费做一次美甲

5. 所有快闪店的销售收入，将直接捐赠给当地社区

6.SHEIN 提醒由于现场可能人多，所以请到访者尽可能提前在线预订

相信大家听到这些之后会有疑问，SHEIN 把中国的海底捞模式搬到了时尚业，而且避开了美国在加拿大开了第一个快闪店，这是为什么？

1. 为什么是三天的快闪店？

答案：Bamboo 相信 SHEIN 在真正大笔投入线下店之前，是做的一次小型的试探。

2. 为什么要在加拿大做尝试？

答案：我们相信，因为加拿大与美国基本文化一致，同时例如多伦多、温哥华的运营成本比美国一线城市低很多，所以这也应该是 SHEIN 布局美国之前的计划之一。

3. 为什么要安排 DJ、做美甲？

答案：SHEIN 希望在有限的时间内尽可能吸引更多数量的消费者以快速了解线下客户购买习惯，并为进一步的线下布局做好准备。

4. 为什么要把所有收入捐献给社区？

答案：这是西方国家常用的营销方式，可以拉近客户之间的距离和当地社区政府的关系，并能够提升客户数量和销售额。

5. 为什么要鼓励客户提前预约？

这种方式在国内很难想象，但是在加拿大等西方国家非常普遍，因为这些国家的法律要求每个店铺的人数要有上限以保证安全，当然这也成为商家获取客户资料的一个有效手段。

似乎 SHEIN 在多伦多的快闪店成功了，今年又在美国纽约、迈阿密、洛杉矶，日本东京，新加坡，迪拜相继开了将近 10 次快闪店。而就在几周前，SHEIN 在伦敦的著名街区开了今年伦敦的第二次快闪店。也许是 SHEIN 尝到了线下直销的甜头，或者是希望亚欧洲的贵族文化相匹配，SHEIN 伦敦快闪店无论从规模、场地、装修上都完全上了一个新的档次。

社交是 SHEIN 的深层基因，因此我们也特别看到 SHEIN 把整个店面装修得特别有 Instagram 拍摄风，可以让人尽情拍照分享，而对于每一个购买了商品的客户 SHEIN 更有一个网红拍摄台供网红们现场带货分享。

SHEIN 的官网上，我们暂时看不到这次快闪店的销售情况，但是通过 SHEIN 在三个月前伦敦的第一次快闪店，我们可以看到 SHEIN 除了快闪店中的面对面销售外，还特别

为每一次活动做了一个着陆页，页面上客户可以看到所有店中销售的产品和实时销售状态，几乎所有商品在两天时间里完全售罄。

（资料来源：https://zhuanlan.zhihu.com/p/598520647?utm_id=0）

SHEIN 推出快闪店，能在两天时间内将店内产品销售一空，证明这个线上线下的联动是十分成功的。以线上销售为基础，把线上销售好的商品引入线下，可以满足更多客户对"即时体验"的需求。与此同时，快速在全球多个地区的繁忙街区与客户进行线下接触，也能快速吸引线下客户的关注和流量，拓展更多的线下客群。通过快闪店模式，轻装上阵，就好像办了一场 SHEIN 的客户聚会，既增加了销量又提升了客户认可度和黏度，并让每个客户有机会进行更多的分享，有效地避免了线下实体店因租金、运营等问题造成的硬伤。令人眼前一亮的是，SHEIN 在独立站上为快闪店活动专门创建的实时销量着陆页，让不能参加快闪店活动的客户时刻感受着现场气氛，并带动了其在站内同步采购商品的激情。

四、SHEIN 的客户关系管理

大量欧美用户在 Twitter、Facebook 上"吐槽"，称自己患上了"SHEIN 上瘾症""我买了一大堆，停不下来"……有公开数据显示，仅 2021 年 5 月，SHEIN 移动端及 PC 端访问量超过 1.5 亿人次，分别较 NIKE、H&M、ZARA 多出

33%、44%、84%。而在 ZARA、NIKE、H&M 等一众对手中，SHEIN 的 PC 和移动端用户访问深度最强，平均访问时长达 8 分 37 秒。

常规的客户关系管理手段 SHEIN 基本上都应用得炉火纯青，就不在此赘述了。但是值得一提的是，SHEIN 凭借其独立站 App 实现了它在消费者心目中的"工具属性"。

一般来说，当一个平台和入口具备足够大的用户规模和黏性，就会逐渐具备工具属性，让使用者产生依赖，就像人们依赖百度搜索、依赖微信社交一样。如前所述，DTC 品牌 SHEIN 凭借独立站模式出海，已经拥有了规模可观的私域流量。新冠疫情期间，SHEIN 顺势在线上举办了多场直播活动，直播平台包括 SHEIN 的 App 和在多家社交媒体上的 SHEIN 官方账号。但是，SHEIN 有意识地将重量级的直播都限制在了自有的 App 上。例如，邀请了凯特·佩里、Lil Nas X 等知名音乐人的全球直播活动 SHEIN together，汇集了音乐、美妆、时尚元素，则是由 SHEIN App 独家提供。一时间，观看人数达上百万，也就意味着将相当数量的用户转化到了 App 上，实现了低成本获取安装。在 SHEIN 眼里，直播并不只是一个获取流量的渠道，它还是一种跟用户实时互动的触达渠道，不但可以通过各种主题的直播活动拉近品牌与消费者的距离，还能不断消费粉丝，挖掘私域流量的潜力。

2021 年 5 月，应用追踪公司 App Annie 和 Sensor Tower 数据显示，SHEIN 已取代 Amazon 成为美国 iOS 和 Android 平台下载量最多的购物 App，而在此前不久，SHEIN 也已经在美国地区成功拿下 Google 平台上下载量最高的购物 App 桂冠。有数据显示，2022 年上半年，SHEIN App 在美国的下载量高达 2240 万，依然位列第一。从世界范围来看，SHEIN 在超 20 个国家和地区的购物 App 下载量中排名第一；在超过 60 个国家和地区的购物 App 下载量排名前五。

足够大的用户规模和可观的私域流量使得 SHEIN 逐渐具备了作为工具属性的"内核价值"。它不再仅仅是一个普通的购物网站及 App，而是消费者"海淘、搭配服装的"一站式工具，乃至成为"了解服装趋势""对比价格""分享讨论和闲逛打发时间"的工具，消费者每天翻阅着数不清的新品"服装内容"，感受购物和挑选的愉悦。许多消费者一有时间，就上 SHEIN 闲逛、刷新，既挑衣服，又打发时间,用大量数据证明了 SHEIN 是一个"让用户上瘾的"的网站和 App。于是,高度的用户黏性就在 SHEIN 的工具属性下产生了,这也是客户关系管理的核心使命之一,是后续提高客户转化率和复购率的关键。

五、SHEIN 的支付和供应链协同

(一)SHEIN 的支付策略

在众多出海品牌仍在钻研各种前期环节时,SHEIN 已经认识到支付在整体业务链中的重要性。支付是品牌全球扩张的生命线,对此,SHEIN 拥有一个精良的支付团队,这也为 SHEIN 的全球市场拓展抢占了先机。

面对庞杂的全球支付市场,作为国际商户的 SHEIN 很早就意识到,与全球支付伙伴合作时本地收单的重要性,这也是取得销售增长的重要引擎之一。在充分优化银行卡交易的同时,SHEIN 优选并积极上线例如电子钱包等本地支付方式,尤其在支付方式碎片化的市场区域,提供更多符合当地消费者偏好的本地支付方式,以提升交易量。

在扩大业务范围、深入不同市场的过程中,SHEIN 除了需要快速掌握各地的支付偏好之外,还要规避日益猖獗的欺诈风险。身份验证机制是现在很多地区应对线上欺诈的主要手段之一,此举确实能提高线上支付环境的安全性,但额外的验证步骤却对订单转化率产生了不利影响。SHEIN 早在多年前初次了解到强客户验证机制时(Strong Customer Authentication,SCA),就开始部署 3DS 2.0 方案(3DS 全称 Three-Domain Secure,Three-Domain 是指发卡行 Issuer、卡组 Scheme 以及收单行 Acquirer),并通过第三方提供的技术将智能路由验证引擎与收单方案捆绑,以便在施行 SCA 时,能同时确保智能的身份验证与流畅的用户体验,最大限度地提高支付成功率。

SHEIN 的快速发展也离不开品牌对新型业务场景的大胆探索,前文所提及的在欧洲尝试线下实体快闪店时,迫切需要一个能够覆盖全渠道的支付解决方案,并能即时实现买单。以高效著称的 SHEIN 及时与合作方沟通,推出了线上线下整合解决

方案 Unified Commerce。线下支付方案的加码，帮助 SHEIN 将不同支付场景聚于同一平台，打造出了融合消费体验。

随着 DTC 品牌 SHEIN 独立站出海业务的进一步扩大，巨大的交易量势必会对运营造成更大的压力，支付体验的安全、快速、便捷……每一步都需要技术在背后做保障。作为中国采用网络令牌化等全球先驱支付技术出海的商户，SHEIN 始终对先进支付解决方案保持着开放态度与灵敏的嗅觉。SHEIN 稳扎稳打的将支付等"看不见"的基础设施环节做到了精细化运营，成为其成功光环下一个不显眼，却绝对不容忽视的光源。

（二）SHEIN 的供应链协同

2016 年前后，在各类服装展会或峰会上，人们言必谈快时尚，貌似所有人都在讨论该如何向 ZARA、H&M、优衣库们学习。那时，正是 ZARA、H&M、优衣库们跟随购物中心的步伐在中国快速扩张的高光时刻。"学我者生，似我者死。"彼时的 ZARA，是有底气说这句话的。在它的无数中国追随者中，拉夏贝尔最高时市值超过 150 亿元，拥有近万家门店。但显然，拉夏贝尔没有学到精髓，2022 年 4 月，被爆出已经触及终止上市条件，基本确定退市。

同样是在 2016 年，在一众传统服装企业学习 ZARA 的时候，有另一股势力也加入了这场对 ZARA 的学习、赶超竞赛中，并扬言"干掉 ZARA 是目标"。说这句话的正是 SHEIN，当时它刚完成由 IDG 和景林领投的 3 亿元 B 轮融资，刚设立阿拉伯网站进军中东市场。站在当时的视角，SHEIN 的所谓目标多少有些"碰瓷营销"的意味，但在现在看来，这番操作不只是一次"碰瓷"，而是有着某种时代性和宿命感。对标 ZARA、H&M 等品牌的 SHEIN 自从选定了路线以后，很长一段时间都没有分心去拓展别的业务，而是持续深耕女装品类，做到了垂直品类的极致。

作为快时尚鼻祖的 ZARA，因可以实现每周二次，每年推出 12000 款新品的迭代速度被行业推崇。而 2022 年 4 月 5 日至 7 日，SHEIN 独立站上女装全品类上新量分别为 6854 款、6850 款、7291 款。据中泰证券研报统计，SHEIN 每周上新的 SKU 高达 4 万至 5 万款，真正实现了对 ZARA 这个前辈的代际超越。不仅如此，

SHEIN 上的商品价格普遍在几美元到十几美元之间，许多设计相近甚至同款的产品，SHEIN 的价格比 ZARA 要便宜数倍。

这是因为，SHEIN 拥有"大量工厂配合供货的柔性供应链"和"智能化数字系统"。

1. 柔性供应链支持下的小单快返

所谓柔性供应链，是指供应链相对于需求变化的敏捷性高、适应能力强，能够根据需求的变化快速做出调整。需求往往是不确定的，以确定性较高的刚性供应链去应对不确定的需求，往往会产生大量库存，而柔性供应链可以在一定程度上缓解这个系统性问题。

但是供应链的"柔性"是需要建立在合适的供应商规模和他们之间的高效协同之上的。在 ZARA 成为快时尚的缔造者之前，服装行业一直有一个"不可能三角"——库存、性价比和上新，如何在库存灵活的同时做到高性价比，还极快上新难倒了一批又一批的服装人，而 ZARA 就是努力在此三角之间达成了最大的平衡。SHEIN 显然是找到了在线上复制一个 ZARA，甚至超越它的办法。

SHEIN 的供应链中心位于广州市番禺区，这是一个非常特殊的服装生产带，城中村里散布着数千家小型服装工厂，每一家的工人都不多，在几十人到几百人不等，这些工厂最初兴起于 20 世纪 90 年代的档口批发生意，始终保留着传统的小规模制衣生产模式，以及批发时代积累下来的快速生产的服装生产链路，不但生产要素健全，而且与 SHEIN 所追求的"小单快返"生产模式完美契合。与 ZARA 单个 SKU 下 10 万件以上，少数分缺货再补货的"大单小返"模式不同，"小单快返"指的是单个 SKU 下 200 件，通过多款式测试出爆款再加单的模式，也就是说在"小单快返"的生产模式下，只投放少量的商品进入市场"探路"，如果销量不好就减少投放数量甚至停止生产，如果销量不错就追加投放数量，尤其是对于爆款，更是可以通过快速返单的方式获得高额利润，而且，此方式对工厂产能的要求并不高。"小单快返"的特点是快而准，"快"指的是每个 SKU 的平均生产周期短至 7-10 天，"准"指的是它能推出多至 5 万 / 年的 SKU，覆盖更多市场需求，并从中找到爆款。从正常的商业逻辑来看，依靠 SHEIN 在前端互联网线上的获客效率，加上后端番禺区这些中小制衣企业的丰富资源和良好协同，磨合多年之后，SHEIN 的"小单快返"模式将更加精进。目前，SHEIN 的设计和生产均在广州市番禺区周边，在这个位于广州市番禺区基地的"两小时圈"里，覆盖了 1000 多家普通服装供应商和 300 多家核心供应商。供应商向下管理形成高度协同，这让 SHEIN 可以像 ZARA 一样缩短生产周期。官方数据显示，SHEIN 的服装从打样到送到消费者手中只需 20 天。同时，番禺供应链还为 SHEIN 带来了成本优势。来自中信证券的数据显示，SHEIN 的低端女装价格在 2—15 美元，"以一款女性上装为例，SHEIN 售价仅 7 美元，而 ZARA 折扣后价格为 12.99 美元，售价差距达 70%"。

综上所述，让 SHEIN 能够在跨境电商快时尚领域脱颖而出的商业模式可以总结为：前端依据大数据分析快速进行产品上新和批量测试，后端柔性供应链采用小单快返生产模式，根据前端反馈对热门款进行大批量返单；对冷门款进行样式修改重新测试，进而实现在高速迭代下，源源不断地生成爆品。同时，在营销端进行高效推广获取流量，并通过精细运营将其沉淀到私域，实现用户的高水平转化及留存以及品牌价值的可持续增长。

可见，在相似的模式下，中国强大的服装产业链优势赋予了 SHEIN 三大能力：比 ZARA 更快，更准，更低价。广州市发展改革委员会 2022 年 2 月印发的《广州市 2022 年重点项目计划》的通知透露，2022 年 SHEIN 投资 150 亿元在广州增城中新镇建设湾区供应链总部，占地面积约 3000 亩，总建筑面积约 330 万平方米，以进一步扩建供应链，加速产能的释放。

2. 数字赋能全链路管理

SHEIN 用 AI 和算法代替了对目标市场的实地考察，利用追踪系统快速捕捉各地区消费者的搜索动态，使用大数据给用户画像并分析用户及服装的变化，建立数据生态系统，从而预测出流行趋势。如此一来，SHEIN 就能够在第一时间掌握流行趋势，将数据同步给设计团队，并在短时间内生产出来。为了提升设计团队的工作效率，SHEIN 还为设计师设计了一套以大数据为基础的辅助设计系统——SHEIN X。

"柔性供应链"的打造和管理，当前业界有两种建设思路，一种是重塑供应链，主张建立全新的工厂或生产线，依托 AI、机器人、大数据、IOT（the Internet of Things，物联网）等先进技术，以及复杂多样的生产执行软件，实现数据指令的贯穿和生产工序、工艺的排列组合，从而实现"柔性"。而一种思路则从深入供应链，改造供应链出发。很显然，SHEIN 选择了第二种，而且将其成果演绎得淋漓尽致。考虑到现有供应链中大量规模较小的作坊、工厂，它们不可能进行"机械臂"等自动化工厂的巨大投入，但其长期"以客户需求为中心"，在无数次挑战过后已经将"柔性"写到了基因里。因此 SHEIN 要做的，就是通过软件、硬件、组织、业务、金融等多个能力，首先让成千上万个经历了优胜劣汰的"强者"变得更强，进而协作在一起，形成新的"生命体"，逐步登上世界的舞台。

针对我国服装行业整体供应链的信息化和数字化水平普遍不高的状况，SHEIN 自建了一套 MES 供应链数字化系统，来打通前后端供应链，让消费端和生产端在同一个数字化系统里进行实时交互，以实现业务流、资金流、信息流、物流的高效流转。该系统涵盖了针对商品中心、运营中心、生产部等九个不同部门的超过十套子系统，完全适配 SHEIN 工厂合作方，还可以结合工厂需求和反馈持续迭代升级。为了帮助工厂熟练使用这些系统工具，SHEIN 还有一整套完整的日常培训体系。通过自己的这套管理软件，SHEIN 可以将其独立站、App 与供应链工厂的 ERP（企业资源计划）制造端直接相连，和供应商共享客户实时数据，并借此指导设计、管理生产过程。在供应商的生产车间内，一定会安装 SHEIN 开发的"MES 工艺管理系统"，综合管理着生产的各个环节。这是 SHEIN 与服装供应商沟通的重要平台，厂商通过该系统能够得到下单指令、面辅料使用以及包括尺寸大小等详细信息在内的生产工艺、标准等服装生产环节所需要的信息。同时，供应商也能在这套系统中，及时更新订单状况，包括何时买面料、何时开裁、何时上线、何时车缝、何时结束、何时包装、何时送货等。据此，信息在 SHEIN 与供应商之间实现了高效流动。

一款衣服上线后，所有的浏览、销售数据都会被 SHEIN 抓取，经过算法处理后，依据"小单快返"的原则，迅速同步到系统中，然后向工厂发出指令，快速调整生产。供应商也会向 SHEIN 提供原材料价格数据、其他客户的订单数据等信息，SHEIN 据此建立定价体系。根据这个体系，SHEIN 可以倒推出某个产品的生产成本，进而锁定一个价格区间，并以此作为衡量工厂报价的依据。

另外，为了实时掌握库存动态、提升工作效率，SHEIN 的 MES 供应链数字化系统在自身的供货系统库存结余模块引入库存条码、覆盖库存、库存状态、外部商品库存等四大功能，能够实时反映产品的销量以及库存现状，当库存减少达到一定的阈值时，系统就会自动生成订单并派发到云工厂平台，由供应商抢单完成，最大程度上实现了库存管理可视化、动态化和实时性，并解放了人力。

目前，SHEIN 凭借数字化赋能构建了一整套柔性化供应链体系。通过将前后端供应链各环节串联在一起，使各个业务环节的数据能够更好地被共享，从而提高系统整体的运行效率，提高用户的使用体验和满意程度。在数字化技术的助攻下，SHEIN 不仅可以更高效地捕捉到新的用户需求、做出快速的响应、使品牌和消费者更加紧密地联系在一起，还可以让每个运营步骤都可量化、可执行、可评估。凭借卓越的数字化能力，SHEIN 最终将进化成一种十分了解用户需要的智能系统，能够高效运营并迅速响应用户需求，就如一台数据驱动的飞轮，不断旋转，持续变现。

第五章 跨境电商 DTC 品牌独立站运营新动态

目前我国跨境电商 DTC 品牌独立站格局正在逐步形成：头部大卖拥有成熟的运营模式、营销打法，表现十分亮眼；而对于腰尾部甚至新入门的玩家而言，独立站模式还存在着诸多机会，仍有巨大潜力可供开发。品牌建设、深度内容营销、经营自有数据等优势不断催化着独立站市场的进一步发展，订阅制、"双轨并行"等举措也逐步成为业内人士所关注的新焦点。根据调查机构 Grand View Research 的预测，预计到 2025 年，以 DTC 独立站为主体的全球去中心化电商市场规模可达 5579 亿美元。

第一节　独立站的订阅制运营

"用户在评论区留言希望能够订阅到我们的产品，来保证他们家的猫能够及时替换上新的猫砂。"经营着一家宠物用品 DTC 品牌独立站的卖家露西如是说。由于产品质量高、款式新颖，露西的店铺在欧美消费者中大受欢迎。订阅制电商模式越来越受到海外市场的青睐，据 Shopify 官方统计，到 2023 年底，至少 75% 的独立站品牌会提供订阅制服务。订阅制电商将成为 DTC 品牌独立站运营发展的新趋势。

一、订阅制电商模式简介

订阅制电商模式（Subscription e-Commerce）也被称为付费会员制平台模式，是一种商家每个月向消费者收取产品月费，然后定期将产品订单自动邮寄给已注册该服务的客户的电商运营方式。它的底层逻辑是，用户付费成为会员后可享受个性化的服务，进行有选择性的商品消费行为。具体表现为，消费者一次性支付完一定费用，服务商或供货商便按周期为其提供服务或配送特定商品。

订阅制销售模式要能获得成功，核心在于流量的精准度和有效性，需要打造为用户量身定制的客户体验，注重用户的留存，而这也正是 DTC 品牌独立站确保重复购买和增加客户生命周期价值所需要的。

作为一种海外年轻消费者群体所关注的新兴时尚消费潮流，订阅制电商因自带服务，可以帮助用户降低消费过程中的挑选成本，增加生活的品质及便利性，并且具备新鲜感，符合了"Z世代"用户的个性化消费原则。订阅制电商的目标是通过订阅，将已经认识到独立站自有品牌产品或服务价值的客户转变为忠实的追随者。目前，常见的订阅模式有以下三种。

第一种，补货订阅模式。按照订阅要求，商家定时定量地向用户交付产品。用户可以由此在一段时间内以相同的价格获得质量稳定的产品；商家则可以确保持续的收入流和更高的留存率。

第二种，策展订阅模式。随着新零售浪潮的崛起，"Z世代"成为消费主导，"策展"这项艺术，正从传统美术馆的框架中逃离，逐渐演变成一种推动塑造消费新场景和升级沉浸式体验，以吸引特定消费人群，从而形成商业价值和经济效益的营销方式。在策展订阅模式下，用户会定期收到一份精美的适合他们独特需求和品位的产品宣传合集图册，以满足其新鲜感，并为之带来惊喜。

第三种，访问订阅模式。此模式赋予付费会员特有的访问权限和范围，他们可以获得独家优惠，甚至可以提前获得新产品。如此一来，用户觉得自己拥有某些特权，所以品牌忠诚度和拥护度都会增加。

对于 DTC 品牌独立站而言，订阅模式有一个明显的优势——复利效应。也就是说，订阅模式的获客成本主要在前期，而且大多为一次性投入，后续只要用户不取消订单，商家就会有持续的收入。因此，独立站如果能凭借自身 DTC 的优势，"近身"做好客户维系，那么前期一次性付出的获客成本，靠后期的重复盈利就可以抵消。从这个角度上来看，DTC 品牌独立站和订阅制电商可谓"良配"。

二、订阅制将成为 DTC 品牌独立站运营的下一个风口

订阅制形成的订阅关系，从本质上来说是一种契约，而契约最大的好处在于其稳定性。基于稳定的订阅关系，独立站卖家可以有更多机会去了解用户的真实想法和相关信息，也可以在更大程度上增强与用户之间的供需稳定性，从而提高企业内外部的运营效率。不仅如此，基于契约，商家还可以在充分理解用户需求的基础上，启发、创造他们的需求。所以，在订阅制运营模式下，DTC 品牌独立站在为用户精准提供他们所需的服务与商品的同时，不仅可以保证自己的利润空间，同时还能将由于效率提升而带来的收益回馈给用户，来不断地强化彼此之间的契约关系，最终无论是在商业效率、用户满意度，还是用户持续的忠诚度与黏性上，都能构建起一种更优质的共赢关系。

目前，在海外，消费者对订阅服务的需求正呈现出上升趋势。欧洲、中东和非

洲订阅业务在过去七年中增长了25.6%，北美订阅业务略微落后。有数据显示，2020年，17%的受访者表示他们使用自动补货服务，到了2021年，这一比例已增至27%；此外，79%的受访者对自动补货产生了兴趣，高于2020年时的63%。从不同消费者群体的需求来看，女性更愿意订阅服装、美妆和美容服务，而男性则更愿意订阅剃须刀、视频游戏设备和收藏品。麦肯锡对全球5000多名消费者进行调查后发现，35%的订阅电商消费者倾向于拥有三个以上的订阅；女性是订阅电商消费者的主力军，占60%；男性购物者的订阅数量比女性多，拥有三个以上活跃订阅的男性占比42%，而女性仅有28%。

2021年在纳斯达克上市的童装DTC品牌Kidpik创始人埃兹拉·达巴就坦言：订阅电商独立站是未来的潮流。达巴是一位童装零售行业的老兵，从20世纪90年代开始，凭借低成本打造时尚前卫童装的能力，他将The Children's Place连锁店发展成为拥有900多家商店的大型童装连锁品牌，业务量从1.5亿美元增长到了20亿美元。2016年，认为购买童装的父母并没有在新的互联网购物环境中享受到足够好的服务的达巴，创立了Kidpik童装订阅盒品牌，并打造了DTC独立站。Kidpik将目标市场定位在既追求性价比，又希望只花很少的时间，就能帮孩子买到精致时尚的服饰的父母群体。这个定位，抓住了相当多都市家长的痛点。在开始订阅之前，家长需要在Kidpik的品牌独立站上花三分钟时间填写一份调查问卷，包括孩子的身材尺码、喜欢的颜色、款式、风格偏好、图案印花、合身度要求等信息。接下来，Kidpik的专业造型师团队就会根据这些信息，为消费者提供从头到脚的鞋服饰品搭配，让仓库员工装到订阅盒里送货上门。销售的盒子里面一般包含至少可用于三套混搭的服装、配饰和鞋子，售价98美元，每件平均价格约为14美元。消费者收到订阅盒后，试穿产品，留下喜欢的，而不想要的那部分，可以免费寄回。同时，消费者还可以自行决定接收订阅盒子的频率，有每4周、每6周、每12周这三个频度选项，而且随时可以跳过或暂停订阅。值得一提的是，Kidpik十分重视消费者体验，会在订阅盒子中贴上标注有孩子姓名的标签，包装精美而且个性化，深得孩子和家长的喜爱。达巴说，70%的家长都选择了保留盒子，证明公司算法、产品设计和用户体验都做得还不错。

订阅经济指数报告称：订阅业务的收入增长速度大约是标准普尔 500 强公司收入的五倍。全球 21.4 亿在线购物者中有 15% 在其一生中至少注册了一项订阅电子商务服务。但是，并不是所有品类的商品都适合订阅制电商。适合订阅制的商品必须是周期性购买场景强的品类，且在供应链端和消费决策上都具有较高的复杂度。就行业来说，美妆产品、换季服饰、母婴用品、玩具盲盒、家庭用品、消费设备等都比较适合订阅；从消费特点来看，高频次消费品、周期性消费品和高消耗用品会更适合订阅。值得注意的是，宠物主更喜欢使用订阅服务，近 80% 的宠物主人使用订阅服务来购买产品，而宠物玩具是他们购买的主要产品之一。

可见，"Z 世代"已经越来越多地在 DTC 品牌独立站使用订阅模式消费。互联网渗透率的提高、移动设备的普及、城市化进程的加速以及社交媒体的广泛应用均推动了订阅制电商整体市场的增长。2022 年，全球订阅电商市场的价值为 966.1 亿美元。预计到 2028 年，市值将增长到 24196.9 亿美元。在 2023 年到 2028 年的预测期内，市场预计将以约 71% 的 CAGR 增长。

第二节 "双轨并行"

"把全部身家都压在单一平台，内心总是惶恐不安，每天睁开眼睛第一件事就是打开电脑确定一下店铺还在吗？"一位亚马逊卖家苦笑道。确实，单一销售渠道会给商家带来强烈的不安全感，多渠道布局已经成为众多跨境电商卖家的共识：多一个销售渠道就多一个分散风险的渠道，也能多一个营收增长的来源。

一、独立站和第三方跨境电商平台同步运营

2021年初的亚马逊"封店潮"中，大批卖家纷纷从第三方跨境电商平台出逃，一时间，直接转型独立站似乎成为刚需。然而，能够完全成功转型为独立站运营的商家并不多。2021年底，GMV在亚马逊排名前五的卖家均同时运营着独立站和第三方电商平台。以跨境模范生Anker为例，其现有的六大品牌除了在亚马逊销售以外，也均设有单独的独立站站点，2022年上半年独立站合计收入2.15亿，且收入占比还在持续提升中。不可否认，独立站为依赖第三方电商平台的卖家创造了新的增长空间，第三方平台加独立站同步运营的模式越来越多地被转型中的跨境电商卖家所选择。

此外，一些成熟的快时尚独立站DTC品牌也开始现身第三方跨境电商平台。2021年，童装DTC品牌PatPat另辟蹊径，入驻包括亚马逊、沃尔玛在内的一批第三方平台渠道，眼下发展势头良好；2022年7月，独立站顶流SHEIN赫然现身亚马逊Prime Day大促，靠一套女式泳装产品，一举夺下"Prime Day快时尚品类销量最佳的37件产品第三名"；近期，快时尚黑马ZAFUL、时尚泳装新品牌Cupshe也宣布与速卖通正式牵手，积极开拓平台业务。

可见，独立站与第三方跨境电商平台并非水火不容，在促进营收方面如果安排得当，甚至可以相得益彰。

二、独立站对外开放平台

区别于入驻第三方跨境电商平台，DTC 品牌独立站开放自家站点以零售商平台的身份给消费者提供服务的模式在近期备受业内卖家的关注，且看 SHEIN 的动向。

SHEIN 在自营服装领域取得成功后，并没有止步，而是开始给品牌寻求新的突破口。从业务扩张的角度看，横向拓展品类一定会面临资金、库存、管理等多方面的压力，所以，品类扩大到一定程度就不可能全部品类继续自营，将部分品类开放给第三方卖家是发展的必然选择。所以 SHEIN 开始尝试开放自己的独立站资源，把女装周边的一些品类开放给其他卖家，并为这些卖家提供物流运输，助力中国制造出海。2020 年底，SHEIN 新注册了一个名为"SHEIN 招商"的微信公众号，作为 SHEIN 供应商入驻的唯一官方入口。为了鼓励商家入驻，SHEIN 在营销、退货、回款等商家关心的问题上做了对商家有利的保证。在 2021 年 3 月到 4 月的一个月内，SHEIN 就在此公众号上发布了五则招商快报，包含多种品类以及多种供应商类型。此举是 SHEIN 多年来首次"公开"招商，也被业内认为是释放其平台化转型的信号，这将意味着 SHEIN 将与亚马逊等电商巨头直接对抗。

根据 SHEIN 的说法，其建立市场平台的目的是提高客户满意度和参与度。据悉，SHEIN 在 2022 年 10 月推出了一个转售市场 Shein Exchange，允许美国客户在其移动应用程序中买卖二手商品。11 月，SHEIN 宣布将在巴西试点像"淘宝"一样的平台模式。成功入驻平台的商家，可以直接在 SHEIN 上开店，借助 SHEIN 的天然流量卖货，并且自行负责运营和物流。不难看出，如今 SHEIN 正在努力尝试撕掉它的固有标签，一方面加速从服装品类向全品类扩张，另一方面试水像"海外版淘宝""海外版闲鱼"这样的多种电商平台模式，渐渐从"小而美"迈向"大而全"。

除了 SHEIN，跨境通全资子公司环球易购旗下独立站 GearBesty 于 2019 年就开始了平台化招商模式的试营，该路径的未来会走向哪里，业内并未有成熟的案例作为参照。成功的 DTC 品牌独立站运营者，通过原始积累获得了强大的供应链能力，现在它们坐拥私域流量和数据，摸清了海外消费者的喜好，正慢慢懂得如何去运营一家平台了。无论如何，这是一种进步，DTC 品牌独立站运营者需要在变化莫测的跨境电商浪潮中找准自身优势，通过多渠道、多平台、多市场的运营模式，挖掘新的销量增长点。

三、线上线下联动

无论是出于品牌出海的需要，还是由于第三方跨境电商平台对卖家监管的日益严苛，独立站模式都有望加速发展。聚焦线上渠道的同时，DTC品牌独立站也逐渐意识到海外线下市场对于跨境电商来说，也是一个巨大的利润增长空间。

市场营销领域的热门概念总是不断涌现，"公域""私域""全域"的话题如今被业内人士津津乐道。其中，私域与独立站有着千丝万缕的联系。目前，大多数专家都认为，未来私域3.0最大的特征就是新营销与新零售的结合。私域3.0从流量来源层面来看是新零售思维，从重视关系和认知角色层面来看又是新营销思维。事实上，新营销与新零售的结合，意味着彻底打通了线上线下，并将其融为一个整体，使商业真正成为整合一体的全渠道，而不是相互分离的多渠道，这才是私域3.0的主要特征，也体现了其向"全域"靠拢的趋势。谁想在数字化营销上实现突破，必须让新营销与新零售充分融合，才是最佳的落地执行方案。据公开消息报道，安克创新、泽宝、百事泰、北鼎股份、石头科技等都在加大对海外线下渠道的布局。作为DTC品牌独立站运营标杆的SHEIN自然也不例外，先是在美国、印度、巴西、法国、英国等全球多个国家和地区开设了快闪店，几乎是每一家快闪店门前都排起了一眼望不到头的消费者长龙；后又在日本东京原宿区开设了全球第一家线下实体店，通过线上线下联动，来践行发展中的私域3.0。

【相关链接】

SHEIN 全球首家线下实体店

据外媒报道，SHEIN 的这家店铺选址于东京原宿区猫街，11 月 13 日正式开业。据悉，该店铺占地约 200 平方米，将设有三个试衣间和一个拍照打卡亭。虽然是实体店铺，但是 SHEIN 并不打算在这里卖衣服，而是将其打造成为一个专门供消费者查看商品和试穿的地方。

另外，这里未来也会根据需要进行修改，用来举办时装秀或者设计师活动。消费者可以在店内试穿试用后扫码，通过 SHEIN 网站或者移动应用下单，一般履约时效为 4-7 天。这也是 SHEIN 在日本的限期线下店所采取的运营方式。

在 2022 年 10 月 22 日，SHEIN 在日本大阪市心斋桥地区刚刚开设了为期 3 个月的限期线下店 "SHEIN POPUP OSAKA"，预计到 2023 年 1 月 27 日结束。这家快闪店同样只提供试穿服务，不参与销售。店内展示女装、男装、家居、宠物用品等多个品类，约 800 件的商品。据悉，"SHEIN POPUP OSAKA" 开业当天人满为患，有人甚至不惜排 3 小时的队，只为进店拍照打卡。

在日本的这家限期线下店也算是 SHEIN 的快闪店之一，但是在日本的快闪店似乎跟其他国家和地区的快闪店并不一样。

长久以来，SHEIN 都是坚定地走线上销售渠道，但是线下对 SHEIN 来说也并不陌生。从 2018 年的纽约第一家线下快闪店开始，SHEIN 就不断地在全球各个国家和地区开设快闪店，美国洛杉矶、迈阿密、旧金山，印度德里，巴西，墨西哥，法国巴黎、里昂，英国伦敦，迪拜等人口众多的政治经济中心城市都留下过 SHEIN 的足迹。

对于大部分的快闪店，虽然 SHEIN 的本意是为了展示商品和制造话题，但是消费者在店内看中商品的话可以直接下单带走。而在日本，店面开放的时间拉长，店里的商品却不能直接购买，尽量将有限的空间用来展示尽可能多的商品。此举，需要从日本市场的本土差异化和 SHEIN 注重差异化的运营理念出发来分析。

首先，虽然日本属于发达国家，互联网覆盖率和智能手机的普及率也位居世界前列，但是日本国民有很重的民族情怀，表现在工作生活中的方方面面，包括消费习惯。具体表现为：日本消费者在购物时对"本土""国产"等标签十分偏爱，并且非常重视线下渠道。

根据相关数据统计，品牌在日本首次购物的线上用户数量和线下用户数量基本持平。但是这种现象目前也存在一定的突破口，即复购多来自线上。这表明，日本消费者并不是非要选择线下购物，在认可了某个品牌的产品后，后期的购买方式还是会偏于选择线上。有数据显示，日本人均网购的消费金额为1164美元，相当于中国人均消费的2倍，并且超过了美国人均网购消费金额1156美元。

另外，日本市场长久以来引领着亚洲时尚风潮，这里的消费者的审美水平非常成熟，虽然SHEIN已经经历过全球多个国家和地区的考验，但是面对世界第三大经济体、第四大电商市场的日本，还是不敢掉以轻心。再加上日本人对于细节和服务上近乎"严苛"的要求，如果不让日本消费者真真切切地看到商品，感受到品牌的服务，即使是强大如SHEIN，想要拿下日本市场，也不是一件容易的事。

（资料来源：https://m.163.com/dy/article/HLAQUBLR05535JWE.html）

可见，线上线下联动的方式，对于DTC品牌独立站而言不但可以大大提升品牌知名度，还能优化消费者的购物体验。

未来几年，跨境电商或将形成以DTC品牌独立站为C位，辅以第三方跨境电商平台、社交网络和海外实体店的全渠道矩阵，以及欧美传统市场+中东、东南亚、拉美等新兴市场的全市场格局。

面对竞争激烈程度加剧、获客成本高企、销售渠道单一、承压能力薄弱等问题，DTC品牌独立站的运营并非一帆风顺。2021年独立站"扎堆上市"的盛况犹在眼前，而如今这些曾受到无数追捧的"新消费弄潮儿"纷纷跌落神坛。但DTC品牌独立站经营理念依然被寄予厚望。哀鸿遍野中，仍然有lululemon、SHEIN等突破流量和渠道桎梏的DTC独立站卖家稳步前行，而NIKE、PRADA、安踏等传统国际大牌则加码DTC业务，并得到了满意的回报。

只能说，DTC品牌独立站的"黄金时代"已经成为过去，目前所面对的是一个虽险象环生却依旧存在巨大机会的"白银时代"。跨境电商DTC品牌独立站卖家永不放弃对高效运营方式的探索以及优化，将是在这个风云诡谲的时代砥砺前行的动力。

参考文献

1. 柯丽敏，洪方仁. 跨境电商理论与实务 [M]. 北京：中国海关出版社，2018.

2. 宋磊. 跨境电商操作实务：基于速卖通平台 [M]. 北京：北京理工大学出版社，2021.

3. 肖旭. 跨境电商实务 [M]. 北京：中国人民大学出版社，2017.

4. 李悦. 跨境电子商务 [M]. 上海：同济大学出版社，2021.

5. 郑建辉，陈江生，陈婷婷. 跨境电子商务实务 [M]. 北京：北京理工大学出版社，2019.

6. 王子越. 全产业链跨境电商生态系统构建研究：基于浙江聚贸的案例分析 [D]. 杭州：浙江大学，2017.

7. 贺力平，赵鹍. 跨境支付发展历程及其启示 [J]. 中国支付清算，2021（1）：3-21.

8. 徐佩玉. 独立站助力中国品牌出海 [N]. 人民日报（海外版），2022-3-22（6）.

9. 蒋建华. 跨境电商独立站建设探讨 [J]. 电子商务，2022（8）.

10. 许祯强. 出口跨境电商独立站的营销模式分析：以安克为例 [D]. 长春：吉林大学，2022.

11. 朱丽丽. 跨境电商独立站运营策略研究 [J]. 商场现代化，2022（1）：145-147.

12. 陈婷，王郁彪. 亚马逊"封号"余震：留下，还是出走？数万跨境卖家"绝处求生"[N]. 每日经济新闻，2021-8-13（3）.

13. 李睿静. 跨境电商背景下快时尚企业的独立站模式研究：以 SHEIN 公司为例 [D]. 天津：天津商业大学，2022.

14. 胡小玲. 跨境快时尚品牌 SHEIN 的品牌建设与崛起之道 [J]. 对外经贸实务，2021（12）：66-70.

15. 薛昀淳，向永胜. 跨境电商 C2M 商业模式研究 [J]. 商场现代化，2022964（7）：

24-26.

16. 苏梦莹. 跨境电商企业品牌出海的运营战略研究：基于对 SHEIN 的案例分析 [D]. 银川：北方民族大学，2022.

17. 邱爽. 中国跨境电商企业品牌国际化研究：以 SHEIN 为例 [D]. 北京：商务部国际贸易经济合作研究院，2022.

18. 马克态. 简谈消费者品牌感知价值与企业品牌资产 [J]. 中国质量，2022（8）：125-127.

19. 邓晨. DTC 品牌"出海"之风，起于跨境电商拐点 [J]. 国际品牌观察，2022（25）：74-76.

20. 吴尹君. DTC 品牌的品效合一营销策略研究：基于模糊集的定性比较分析 [J]. 广告大观（理论版），2020（2）：25-36.

21. 张琼. 跨境电商渠道整合影响因素研究：以对俄出口品牌 Ascoli 为例 [J]. 产业创新研究，2022（7）：63-66.

22. 张欣茹. DTC：当渠道的影响力被交还给消费者 [J]. 国际品牌观察，2022（3）：37-38.

23. 鲁旭，付兴嘉，乔柏源. 跨境电商的独立站发展趋向与提升对策 [J]. 对外经贸，2021（10）：26-30.

24. 理倩. 供应链成为服装跨境电商核心竞争力 [J]. 中国纺织，2021（Z6）：102-103.

25. 穆青风. 跨境电商向品牌化、多元化、精细化发展 [N]. 中国贸易报，2022-11-（7）.

26. 岳森，冯莉. 信息协同视角下跨境电子商务运作模式重构 [J]. 商业经济研究，2021（15）：153-156.

27. 田晓燕，黄东斌，张婷婷. 数字化背景下我国跨境电商企业智能运营策略分析 [J]. 商业经济研究，2021（8）：152-155.

28. 何波玲. 浅析跨境电商品牌独立站营销的优势与难点 [J]. 商场现代化，2022（9）：38-40.

29. 周倜. 亚马逊封店潮背景下出口跨境电商应对策略 [J]. 企业管理，2022（1）：120-123.

30. 赵敏. 跨境电商企业独立站建设策略分析 [J]. 南宁职业技术学院学报，2022，30（4）：109-112.

31. 肖瑶. 数字贸易背景下跨境电商平台运营模式分析：基于"第三方平台"和"自营平台"的对比 [J]. 长江大学学报（社会科学版），2020（1）：95-99.

32. 浙江伟星文化. 围绕消费者体验的五个层次，塑造用户体验，挖掘商业新增长 [EB/OL].https://baijiahao.baidu.com/s?id=16963472902886 62858&wfr=spider&for=pc，2021-4.

33. 店小匠.DTC 品牌独立站的选品六大秘籍！[EB/OL].https://weibo.com/ttarticle/p/show?id=2309404601186849521714，2021-02.

34. 知舟. 品牌定位的四大策略 [EB/OL].https://www.zhizhouvip.com/new/0/1349.html，2021-04.

35. 店匠科技.【汇总干货】品牌独立站 DTC 全网营销手法大全，看这份就够了！[EB/OL].https://baijiahao.baidu.com/s?id=1693943116335909368&wfr=spider&for=pc&searchword，2021-03.

36. BClinked. 售后服务：保持客户参与度的 10 条策略 [EB/OL]. https://business.sohu.com/a/593219792_121499069，2022-10.

37. 亿邦动力. 亿邦智库联合 Adyen 公布《2022DTC 独立站支付研究报告》[EB/OL].https://baijiahao.baidu.com/s?id=1742467496124618015&wfr=spider&for=pc，2022-08.

38. 数商云. 跨境电商独立站供应链系统平台管理，品牌出海新机遇 [EB/OL].

https://zhuanlan.zhihu.com/p/445094363,2021-12.

39. 瓴犀原创. 跨境电商行业 SRM 云协同管理平台数字化供应商管理,供应商系统一站式满足采供双方高效合作 [EB / OL].https://caifuhao.eastmoney.com/news/202208291700 42907132060,2022-08.

40. 砺石商业评论. 千亿美金独角兽"SHEIN"是如何炼成的?[EB / OL]. https://36kr.com/p/dp1718959154674692,2022-04.

41. 新消费内参. 说点大白话,SHEIN 到底凭什么值 6000 亿?[EB / OL].https://xueqiu.com/2115521729/226610656,2022-07.

42. 根谈. 扒一扒中国最神秘百亿公司 SHEIN 的海外增长之路 [EB / OL].https://www.cifnews.com/article/76290,2020-09.

43. 未来智库. 电商行业专题报告:SHEIN,数字化供应链,多样化营销手段 [EB / OL]. https://xueqiu.com/9508834377/189485512,2021-07.

44. 罗超频道. 万字长文:中国跨境电商简史:谁是第二个 Shopify?[EB / OL]. https://baijiahao.baidu.com/s?id=1717140665289731153&wfr=spider&for=pc,2021-11.

45. 共生运营网. 独立站卖家:这些专业术语你都懂了吗?[EB / OL].https://www.gongshengyun.cn/yunying/article-69388-1.html,2022-10.

46. 庄帅零售电商频道.D2C 品牌独立站三大核心能力:流量、供应链与品牌 & 产品力 [EB / OL].http://www.100ec.cn/detail--6619531.html,2022-10.

47. 探达蜂.1000 亿营收 SHEIN 网站流量解密丨 SHEIN 网站月平均流量 1.9 亿 [EB / OL].https://baijiahao.baidu.com/s?id=1751396966508362017&wfr=spider&for=pc,2022-12.

48. Adyen 全球支付. 案例分析:SHEIN 全球扩张背后的四大支付策略![EB / OL].https://www.cifnews.com/article/127033,2022-07.

49. QuickCEP 跨境电商说. 海外 DTC 订阅制电商运营终极指南 [EB / OL].https://

baijiahao.baidu.com/s?id=17424569620766604507&wfr=spider&for=pc，2022-08.

50. 蓝海亿观.Kidpik 98 美元一盒，卖掉 100 万盒，低价，并非童装电商的唯一密码 [EB / OL]. https://chuhaiyi.baidu.com/news/detail/11375269，2022-03.

51. Vrontis Demetris，Makrides Anna，Christofi Michael，Thrassou Alkis. Social media influencer marketing: A systematic review, integrative framework and future research agenda[J]. International Journal of Consumer Studies，2021（4）.

52. Elisa Arrigo. Global Sourcing in Fast Fashion Retailers: Sourcing Locations and Sustainability Considerations[J]. Sustainability，2020（2）.